时代印记

王志艳◎编著

寻找

郑成功

延边大学出版社

图书在版编目（CIP）数据

寻找郑成功 / 王志艳编著 . —延吉 : 延边大学出版社，2013.8(2020.7 重印）

ISBN 978-7-5634-5906-3

Ⅰ . ①寻… Ⅱ . ①王… Ⅲ . ①郑成功（1624 ~ 1662）—传记—青年读物②郑成功（1624 ~ 1662）—传记—少年读物 Ⅳ . ① K825.2-49

中国版本图书馆 CIP 数据核字 (2013) 第 209667 号

寻找郑成功

编著：王志艳

责任编辑：李　宁

封面设计：映像视觉

出版发行：延边大学出版社

社址：吉林省延吉市公园路 977 号　邮编：133002

电话：0433-2732435　传真：0433-2732434

网址：http://www.ydcbs.com

印刷：唐山新苑印务有限公司

开本：690×960　1/16

印张：11 印张

字数：100 千字

版次：2013 年 8 月第 1 版

印次：2020 年 7 月第 3 次印刷

书号：ISBN 978-7-5634-5906-3

定价：29.80 元

前言

历史发展的每一个时代，都会有对后世产生巨大影响的人物，都会有推动我们前进的力量。这些曾经创造历史、影响时代的英雄，或以其深邃的思想推动了世界文明的进步，或以其叱咤风云的政治生涯影响了历史的进程，或以其在自然科学领域中的巨大成就为人类造福……

总之，他们在每个时代都留下了深深的印记，烙上了特定的记号。因为他们，历史的车轮才会不断前进；因为他们，每个时代的内容才会更加精彩。他们，已经成为历史长河的风向标，成为一个时代的闪光点，引领着我们后人走向更加深邃的精神世界和更加精彩的物质世界。

今天，当我们站在一个新的纪元回眸过去的时候，我们不能不提起他们的名字，因为是他们改变了我们的世界，改变了人类历史的发展格局。了解他们的生平、经历、思想、智慧，以及他们的人格魅力，也必然会对我们的人生产生深刻的影响。

为了能了解并铭记这些为人类历史发展做出过巨大贡献的人物，经过长时间的遴选，我们精选出一些最具影响力、最能代表时代发展与进步的人物，编成这套《时代印记》系列丛书，其宗旨是：期望通过这套青少年乐于、易于接受的传记形式的丛书，对青少年读者的成长产生潜移默化的影响，使他们能够从中吸取到有益的精神元素，立志奋进，为祖国、为人类作出自己的贡献。

本套丛书写作角度新颖，它不是简单地堆砌有关名人的材料，而是精选了他们一生当中最富有代表性的事迹与思想贡献，以点带

前言

面，折射出他们充满传奇的人生经历和各具特点的鲜明个性，从而帮助我们更加透彻地了解每一位人物的人生经历及当时的历史背景，丰富我们的生活阅历与知识。

通过阅读这套丛书，我们可以结识到许多伟大的人物。与这些伟人"交往"，也会进一步提高我们的思想品格与道德修养，并以这些伟人的典范品行来衡量自己的行为，激励自己不断去追求更加理想的目标。

此外，书中还穿插了许多与这些著名人物相关的小知识、小故事等。这些内容语言简练，趣味性强，既能活跃版面，又能开阔青少年的阅读视野，同时还可作为青少年读者学习中的课外积累和写作素材。

我们相信，阅读本套丛书后，青少年朋友们一定可以更加真切、透彻地了解这些伟大人物在每个时代所留下的深刻印记，并从中汲取丰富的人生经验，立志成才。

导　言

Introduction

郑成功（1624—1662），名森，字明俨，又字大木。因南明隆武帝赐国姓朱，赐名成功，又称朱成功，后世常以郑成功或"国姓爷"呼之。明末清初著名的军事家，南明抗清将领，民族英雄，在世界上享有崇高的声誉。

郑成功出身官宦之家，其父郑芝龙初为海盗，辗转于东南沿海、日本平户和台湾等地，"漂洋"为生。郑成功，这位中华民族的英雄人物降生于日本平户，幼年一直跟随母亲田川氏过着贫苦的生活。直到郑芝龙投降明朝，当上八面威风的东南五省游击将军之后，郑成功才得以返回祖国大陆。此后，郑成功在良好的家庭环境下接受了良好的教育。在父辈们的鼓励下，他学文习武，雄心万丈，立志要做一个顶天立地的男子汉，成就一番丰功伟业。

不料，世事坎坷，就在郑成功考取南京国子监前后，李自成攻入北京，明朝灭亡。随后，清军在叛将吴三桂的协助下，打进北京，赶走了李自成和他的大顺军。明朝皇室和遗臣们迅速组建救亡政权，企图扭转局势，恢复大明江山。

郑成功的父辈们在拥立南明隆武帝的过程中，功勋卓著，族人皆领公、侯、伯等封号，郑成功也被封为忠孝伯，领招讨大将军职。然而，在清军的凌厉攻势之下，出身海盗的郑芝龙不思报国，一心只想保有自己的荣华富贵，竟于顺治三年（1646）弃几十万士卒和数百艘战舰于不顾，兀自率500名护卫投降了清廷。

父亲的叛国，让年轻的郑成功悲愤填膺，遂竖起"杀父报国"的大旗。从此之后，他便在福建、浙江沿海募兵，与清军作战，希望能够力挽狂澜，恢

1

复大明江山。清廷多次以高官厚禄诱降，并以灭门九族相威胁，郑成功始终没有动摇反清复明的宏伟志向。

郑成功的大军虽然多次重创清军，怎奈明朝国势已颓，历史已经无法改写。顺治十七年（1660），郑军降将黄梧向清廷献"平海五策"，切断了郑成功与内陆的联系。郑成功遂于次年率部攻打在荷兰侵略者统治下的台湾，希望建立一块稳固的反清基地。经过殊死搏斗，郑成功率领将士用大刀长矛最终战胜了有洋枪洋炮装备的侵略者，从而结束了荷兰侵略者在台湾长达38年的殖民统治，将宝岛台湾收回祖国的怀抱。

纵观郑成功的一生，收复台湾是其最高成就，也是其最主要的成就。不过，仅此一项成就就足以让他名垂青史。郑成功收复台湾，不但使他获得了一块相对稳定的反清基地，更重要的是，他捍卫了炎黄子孙的尊严，为祖国统一建立了不朽的功勋。

本书从郑成功的幼年生活开始写起，一直追溯到他举起反清复明大旗，挥师北伐，震动东南，并率兵赶走了荷兰殖民主义者，收复了祖国领土台湾的伟大事迹，再现了这位明末清初的民族英雄具有传奇色彩的一生，旨在让广大青少年了解这位叱咤风云的英雄人物波澜壮阔的人生经历，并从中学习他那种爱国爱民、不畏强暴、抗击外敌的勇敢大无畏精神，同时也对他的是非功过进行辨证的认识。

目 录

contents

时代印记　目录

目录

第一章　开放海禁

养心莫若寡欲，至乐无如读书。

——郑成功

（一）

明朝初年，出身赤贫的明太祖朱元璋（1328—1398年，1368—1398年在位）先后下令撤消了太仓黄渡（今上海市嘉定区黄渡镇）、福建泉州（今福建省泉州市）、浙江明州（今浙江省宁波市）、广东广州（今广东省广州市）等市舶司，实施"寸板不许下海"的海禁政策，遏制海外贸易和文化交流。

明太祖这样做的原因十分复杂，其中有两条特别重要。

第一，这位布衣皇帝想要恢复一种"鸡犬声相闻，老死不相往来"的农业社会。别说是海外贸易了，如果有可能的话，他甚至想废除货币和商品贸易，回到以物易物的时代。但很显然，这是违背社会和经济发展规律的，根本无法实现。

第二，明朝立国之初，海患猖獗，东南沿海的居民屡受骚扰。海患主要来自两方面：一是铤而走险的本土海盗和流落海上的反明势力；二是侵犯中国沿海的日本浪人，时称倭寇。

元末明初，日本正处于战乱频仍的南北朝时期（1336—1392）。

在内战中战败的残兵游勇遂纠合海盗、商人及破产农民等，建立海上武装，乘中国朝代更迭、内战不已之机，屡屡侵扰中国滨海州县。

洪武十四年（1381），明太祖就曾"以倭寇仍不稍敛足迹"为由，下令禁沿海居民私通海外诸国。自此，素来与明朝交好的东南亚诸国也不能来华进行贸易和文化交流了。

后来，明太祖又多次下"禁外藩交通令"，禁止民间使用及买卖舶来的"番香""番货"等，废昌国县（今浙江省舟山市），并将城区和附近46个岛屿的居民徙迁内陆。

本来，明太祖以为这些方法可以加强海防，稳定沿海的社会秩序，但结果却适得其反。由于海禁政策所实施的直接对象不是海上的反明势力，而是沿海居民，这就激化了沿海地区的社会矛盾。

所谓"靠山吃山，靠水吃水"，沿海地区的居民依海而生，靠海而活，或从事渔业生产，或从事海上贸易。明太祖"严交通外藩之禁"和"寸板不许入海"的海禁政策堵绝了沿海地区居民的正常谋生之路。无奈之下，沿海居民或铤而走险，入海从盗，啸集亡命；或逃亡海外，谋求生计。因此，明初的海禁政策非但没有解决海患问题，反倒使问题复杂化了。

明成祖朱棣（1360—1424年，1402—1424年在位）登基后，曾废除海禁政策，并派郑和七下西洋，与东南亚、西亚、东非各国进行文化交流，在中国远洋航海史上写下了光辉的一页。

永乐（明成祖朱棣年号，1403—1424年）末年，由于北方陆上边患未除，东南沿海的海患也日益严重，明成祖便效法其父明太祖朱元璋的做法，实施海禁，只开放勘合贸易，即官方贸易。

这种不完全的海禁政策实施了百余年的时间，因此，东南沿海居民的生计问题一直未能得到有效解决，海患也从未平息，而且愈演愈烈。到明世宗朱厚熜（1507—1566年，1521—1566年在位）初年，东南沿海的局势更加复杂，沿海居民的生活也更加困苦。

一方面，沿海居民铤而走险者越来越多，海盗活动日益猖獗；另一方面，此时的日本已进入战国时代（1467—1615），频仍的战争致使日本各阶层人士大量破产和失业，沦为倭寇。此外，日本南方的一些割据政权也明目张胆地支持倭寇骚扰中国东南沿海，以谋求不义之财。

这一时期的倭寇入侵还出现一个特点，就是中国海盗和日本浪人相勾结。当时，一些逃亡日本的中国商人、破产农民和失意知识分子等，也趁机勾结当地的割据政权。有财力者纠倭贸易，无财力者则"联夷肆劫"，成为嘉靖隆庆年间倭寇的重要组成部分。他们伙同倭寇，在日本封建主支持下，袭用倭人服饰和旗号，乘坐题有八幡大菩萨旗帜的八幡船，侵扰中国东南沿海地区，掠夺大量财物。明朝政府和百姓将这些来自日本，打着倭寇的旗号，大肆抢掠的中国海盗也称为倭寇。

（二）

嘉靖（明世宗年号，1522—1566年）前后，葡萄牙人、西班牙人和荷兰人陆续来到中国东南沿海。他们以贸易为名，大行侵略之实，深受当地居民的反感。

正德（明武宗朱厚照年号，1506—1521年）十六年（1521）八月（此时明武宗已经驾崩，在位者为明世宗，即嘉靖帝），大明水师在屯门岛（具体所指不详，应在今广东省深圳市或香港附近）附近海域大败葡萄牙侵略者。这是中国和西方侵略者之间爆发的首次交战。

嘉靖帝还下令，不准佛朗机人（即葡萄牙人）进贡，各地官员应尽快将其驱逐出境，今后如果再海上遇到悬挂佛郎机国旗的船只，立即击沉。

不过，葡萄牙人并没有接受教训。两年后，即嘉靖二年（1523），另一支葡萄牙船队冒险入寇西草湾（今广东省新会县附近），再次遭到大明水师的重创。

此后，葡萄牙人等西方侵略者有所收敛，但并未完全绝迹。他们以印度、马六甲等地为基地，依然时常出没在中国东南海域。

不过，与倭寇相比，葡萄牙等西方侵略者当时造成的祸乱简直不值一提。嘉靖二年六月，日本封建主大内氏使臣宗设、谦导与细川氏使臣瑞佐、宋素卿，因争夺对明贸易，在明州、绍兴一带相互厮杀。宗设等杀死了瑞佐，又以追逐宋素卿为名，大掠明州、绍兴一带，杀掳明朝军队指挥刘锦、袁琎等人，夺船出海而去。这就是历史上著名的"争贡之役"，又称"宁波之乱"。

嘉靖帝和朝中大臣大多认为，"倭患起于市舶，遂罢之"，并对日本"闭绝贡路"，实行更加严厉的海禁政策，中日之间的官方贸易随之中断。于是，倭寇走私贸易更加猖獗，并伺机多方掳掠。中国本土的海盗、葡萄牙侵略者等也趁机从中渔利。一时间，东南沿海几乎完全成了海盗和倭寇的天下。历史学家将这一历史事件称为"嘉靖倭乱"。

明朝统治者终于忍无可忍，嘉靖皇帝调动大军围绕倭寇。在抗倭战争中，胡宗宪、俞大猷、戚继光等一大批文臣武将脱颖而出，成为中华民族抵抗外辱的英雄人物，其中尤以戚继光抗倭的故事流传最广。经过数十年的军事打击，东南倭乱在嘉靖末年基本平息了。

不过，"嘉靖倭乱"对明朝的震动也很大，朝中不少有识之士开始反思海禁政策。就在抗倭战争进行得如火如荼之时，海禁政策在事实上出现了松动，明朝政府特许西班牙和葡萄牙两个航海大国为贸易国。

嘉靖三十二年（1553），葡萄牙商队借口遭受风暴，船只搁浅，行贿广东海道副使汪柏，请借在香山澳（即澳门，时属广东香山县管辖，葡萄牙人称马交，日本人称阿妈港）曝晒货物，遂得以机会进入澳门。

几年之后，葡萄牙人竟在澳门筑城造房，自行设官管理，窃据了澳门。不过，中国政府仍然对澳门行使主权。居住在澳门的葡萄牙人每年都要向广东香山县缴纳地租，广东海关也在澳门设卡征税。至于澳门沦为葡萄牙的殖民地，那是300年之后的事情了。

嘉靖四十五年（1566），明世宗朱厚熜驾崩，其子朱载垕继位为帝，是为明穆宗，次年改元隆庆。隆庆元年（1567），福建巡抚涂泽民上书称：

"请开市舶，易私贩（指走私）为公贩（指合法贸易）。"

隆庆帝经过谨慎考虑后，宣布解除海禁，调整海外贸易政策，允许民间远贩东西二洋，史称"隆庆开关"。

"隆庆开关"使得民间海外贸易取得了合法地位，极大地促进了古代中国与世界各国的经济和文化交流。据统计，自隆庆开关到明朝灭亡的70余年时间里，全世界生产白银总量的三分之一都涌入了中国，保守估计约3.53亿两（目前重新估计约为5亿两）；全球三分之二的贸易都与中国有关。

（三）

"隆庆开关"使得民间贸易获得了合法地位，在一定程度上缓解了海患。不过，在利益的驱使下，东南沿海的走私和海盗活动并未完全绝迹。日本浪人、葡萄牙人、西班牙人和荷兰人在东南海域勾结当地海盗，亦商亦盗，既从事合法的海外贸易，也兼营走私或打劫。当地居民将本土居民出海亦商亦盗的行为称为"漂洋"。广东、福建、浙江一带的无业游民、逃犯大多都流落海上，"漂洋"者为数甚众。

时光荏苒，转眼时间便到了万历（明神宗朱翊钧的年号，1573—1620年）年间。福建泉州府南安县石井乡东石村有一户姓郑的人家。男主人名象庭，号绍祖。他饱读诗书，一心想考取功名，光宗耀祖。无奈，郑象庭钻营半生也未能获得一官半职，只在泉州府谋得了一个库吏的职务，勉强维持一家人的生计。

郑家在当地算是个颇有名气的大家族。郑家远祖生活在荥阳（今河南省荥阳市）一带，在唐朝时期南迁福建、广东，其子孙分布福建福州、莆田、漳州、泉州和广东潮州一带。定居在泉州的这一支，便在南安县石井乡繁衍生息，日益昌盛。

郑象庭的父亲曾在朝廷中当过官，但由于官职卑微，未能封妻荫子。到郑象庭这一辈，郑家家道中落，子弟中也出现了"漂洋"为生者。

郑象庭是个读书人，不屑"漂洋"的行当，只是老老实实地当他的库史，养家糊口。郑家的生活虽然不算富裕，倒也其乐融融。

据现有资料来看，郑象庭应当娶过两任妻子或者有一妻一妾。他和两位夫人共育有5个儿子，即长子芝龙、次子芝虎、三子芝麟、四子芝凤、幼子芝豹。前四个孩子为一母所出，芝豹是他们的同父异母兄弟。郑象庭的这5个儿子中，除郑芝麟早夭之外，另外4个儿子都成了中国历史上响当当的人物，其中尤以郑芝龙的名声最响。

万历前期，神宗皇帝在内阁首辅、大学士张居正的辅佐下，勤于政务，政治、经济、文化出现了全面的繁荣。可以说，万历年间是明朝文治武功的顶点。

随着经济的发展，资本主义开始萌芽，市民阶层也渐渐崛起。于是乎，各种新观念和新文化层出不穷，思想也开始呈现多元化的局面。传统的"学而优则仕"的观念遭遇了前所未有的挑战。不少读书人逐渐抛弃"万般皆下品，惟有读书高"的成见，开始从事商贸活动。

不幸的是，到了万历末年，神宗皇帝不理朝政，致使朝纲日废。而此时，活动于中国东北地区的女真部落迅速崛起。

万历四十四年（1616），建州女真首领爱新觉罗·努尔哈赤统一女真各部，建立了后金政权。万历四十七年（1619），大明王朝与后金在萨尔浒（今辽宁省抚顺市浑河南岸）展开激战。不料，掌握战略主动权的明军作战失利，损失惨重。后金政权趁机攻占了辽东70余城，并掌握了对明作战的主动权。

从此之后，大明王朝虽然时常调兵遣将，征加粮饷，对辽东用兵，但再也无法获得对后金的战略主动权，直至王朝覆灭。

后金的崛起对明朝的军事部署影响甚大。此时，东南沿海的海患已不再是统治集团关注的首要问题，大量军队被从南方调往北方，用于防备后金南侵。如此一来，东南一带的走私、海盗活动日益猖獗。葡萄牙、西班牙和荷兰侵略者也趁机出没于东南沿海，或走私，或抢劫，骚扰中国居民。

在这种背景下，郑象庭的思想也悄然发生了转变。他不再将读书当成至高无上之事，也不再拘泥于"学而优则仕"的人生之路了。不巧的是，他偏偏在这一年一病不起，不久便撒手西归了。父亲去世，郑家的生活重担一下子就落到了长子郑芝龙的肩上。

年仅16岁的郑芝龙倒也很有主意，将一家的生活安排得井井有条。按照古制，他领着众兄弟为父亲守孝3年（实际上不满3年，为27个月），然后于天启元年（1621）带着众兄弟前往澳门，跟随舅父黄程学习经商去了。

郑芝龙带着几个弟弟从泉州搭船，一路上为海商充当苦役，换取三餐，总算到了澳门。此时，澳门已经从昔日的小渔村变成了一个繁华的海港小城。葡萄牙、西班牙和中国商船往来不绝，非常热闹。

黄程和当时大多数从事海外贸易的商人一样，与葡萄牙、西班牙和日本海盗关系密切，可谓亦商亦盗之人。他见郑芝龙兄弟个个人才出众，都不是吃闲饭的，心下大喜，立即把他们编入了商队。就这样，郑氏兄弟开始了他们的入海"漂洋"生涯。

第二章　降生异国

欲国家富强，不可置海洋于不顾。财富取之海，危险亦来自海上……一旦他国之君夺得南洋，华夏危矣！

——郑成功

（一）

郑芝龙聪明伶俐，再加上几个弟弟帮忙，办事十分得力，因此深得黄程的器重。黄程经常派他前往日本、吕宋（即菲律宾，当时国人称之为吕宋）等地接送货物。当时，吕宋已经沦为西班牙的殖民地。同时，荷兰也在东南亚的马来群岛建立了不少殖民据点，经常打劫过往商船。从事海外贸易，难免要和西班牙人、葡萄牙人，乃至荷兰人打交道。

聪明的郑芝龙很快学会了日语、葡萄牙语、荷兰语，并在当年接受了天主教洗礼，取教名为尼古拉斯·加斯巴德。因黄程以郑芝龙的乳名"一官"呼之，西方人又称其为尼古拉斯·一官。

郑芝龙跟随舅父学习经商一年有余，经验日益丰富，遂产生了自立门户的想法。天启二年（1622），郑芝龙离开澳门，抵达日本九州的平户岛。自以为已经能够独当一面的郑芝龙只身来到平户才发现，想在异国他乡创下一番事业并不容易。

当时，日本已经结束战国时代，进入了江户（今日本东京）幕府时期（1603—1867年，1615年实际统一全国）。江户幕府是由德川家康所建，又称德川幕府。日本的统一在客观上减轻了中国东南沿海的海患。

国家统一，社会稳定，经济有所发展，入海为寇的日本人逐渐减少，入寇中国东南沿海的倭寇自然也就少了。与此同时，以日本为基地的中国海盗也受到了一定程度的限制，不再像从前那样猖獗了。

另外，德川幕府还仿照中国的社会制度，推行重农抑商政策，限制自由贸易，以维持自给自足的小农经济。这些政策，对像郑芝龙这种以"漂洋"为生之人是十分不利的。

郑芝龙在岛上徘徊几日之后，也没有找到合适的营生，最后只好投奔到一名武师门下学剑。

一天，师父派郑芝龙到铁匠翁翌皇家中去取剑。翁翌皇是来自福建泉州的华侨，十分富有。他在当地生活多年，娶了一个日本女人为妻，又当上了平户岛主，深受当地人的敬重。刚到平户没多久的郑芝龙十分仰慕这位同乡。

郑芝龙来到翁翌皇的家中，受到了殷勤的接待。翁翌皇拱手道：

"小兄弟，你我同乡，能在平户相遇，实在是缘分！"

郑芝龙忙还礼道：

"以后还得仰仗前辈多多照应！"

就这样，两人经常走动，渐渐成了忘年之交。

一天，两人见面后又聊得十分投机。翁翊皇便说：

"你我如此投缘，你在平户又没有什么亲属，何不搬到我家里来住呢？你看，我这里宽敞得很，有的是地方。"

郑芝龙也不客气，当即答道：

"那就有劳前辈了。"

翁翌皇有一个义女田川氏，年方17岁，出落得天娇绝俗，美丽异常。据说，田川氏的父亲是一名中国铁匠，其母是日本人，她随母姓田川。翁翌皇和田川氏的父亲是好友或有亲属关系。田川氏的父母逝世后，翁翌皇便收其为义女，养在家中。

另外一种说法是，田川氏是翁翌皇的女儿。由于缺乏明确的史料记载，现已无法得知田川氏的确切身份了。不过，她身上有一半中国人的血统则是不争的事实。

翁翌皇虽然是个铁匠，但自幼饱读诗书，曾多次参加明朝的科举考试。正因为屡试不中，翁翌皇才放弃仕途理想，做起了铁匠，后来又辗转抵达日本，定居平户。

在教育女儿方面，翁翌皇仍然严守中国的方法，教其诗书礼仪和忠孝之道。田川氏也很聪明，不但通晓中日两国文字，还能吟诗作画。

郑芝龙住入翁家之后，翁翌皇也不再拘于礼节，便让内眷出来相见。年轻的郑芝龙初见田川氏，便惊讶得半天合不拢嘴，心里叹道：

"此乃天人也！"

田川氏看着汉人打扮、年轻英俊的郑芝龙，也顿生好感。就这样，两个年轻人渐渐走到了一起。大约在天启三年（1623）前后，郑芝龙和田川氏结为夫妇。

（二）

有了翁翌皇的支持，郑芝龙在平户岛如鱼得水，混得风生水起。不久，他就重操就业，"漂洋"为生去了。在海上，郑芝龙凭借着精通多国语言的本领，和葡萄牙人、荷兰人、日本浪人、中国海盗等都有所接触。

当时，以日本九州为基地的中国海盗有好几支，其中实力最为强大的是李旦。李旦是福建泉州人，靠"漂洋"为生，曾在吕宋经商多年，最终因与西班牙统治者不合而转至日本九州。李旦思维缜密，办事能力又强，很快就成为九州地区的华人领袖。

此后，李旦逐步建立了一支武装船队，往来于中国东南沿海、台湾和日本、东南亚等地，在进行商业贸易的同时，也干一些抢劫的勾当，财力相当雄厚。

据说，德川家康统一日本的过程中，就曾接受过李旦的资助。因在海上作风强悍，李旦还被西方人称为"中国船长"或"甲必丹李旦"。"甲必丹"源自西班牙语，是西班牙统治马尼拉时期对汉人领袖的称呼。

郑芝龙在偶然中结识了李旦。郑芝龙头脑灵活，作风强悍，和年轻时的李旦很像。李旦很喜欢郑芝龙，立即将其收拢在身边，充当翻译。据说，李旦在不久之后又收郑芝龙为义子。这一说法在民间广为流传，但因缺乏确切的文字记载，史学家尚无定论。

天启三年，明朝与荷兰侵略者爆发了澎湖之战。天启二年，荷兰东印度公司的舰队强行占领澎湖。明朝廷闻讯后，立即下令福建巡抚南居益领兵出战。由于荷兰人的战舰封锁了漳州的出海口，明朝水师无法出动。为此，这一战役整整拖了一年。

天启三年十一月，南居益假意邀请荷兰人前往厦门谈判。荷兰人以为明朝水师被他们的坚船利炮吓怕了，要投降，便派代表团得意洋洋地来到厦门。南居益在宴会上囚禁了荷兰代表团，并乘机击沉了入侵漳州海口的荷兰战舰，澎湖之战爆发。双方打得难分难舍，不分胜负。据说，李旦曾受双方之托，带着精通各国语言的郑芝龙至澎湖协调。

郑芝龙出色的表现打动了李旦。从此之后，李旦便逐渐淡出，将船队交给了年轻的郑芝龙。郑芝龙胆大心细，处事果断，很快就名动中国东南、日本九州和吕宋一带。因郑芝龙号飞黄，时人便称之为"飞黄将军"。

大概在这一时期，郑芝龙结识了颜思齐。颜思齐是福建海澄县（今福建省龙海市海澄镇）人，生性豪爽，仗义疏财，身材魁梧，并精熟武艺。

万历四十年（1603），颜思齐遭受当地官员欺压。因不堪忍受，怒杀其仆，逃亡到日本九州。起初，他以裁缝为业，兼营"漂洋"。数年后，颜思齐积蓄渐富，遂创建船队，浪迹海上，成为名动一时的人物。日本平户当局还任命他为甲螺。甲螺是古代日本的军事头目，兵力虽然不多，但权力很大，手握生杀予夺大权。

颜思齐、郑芝龙等人过从甚密，亲如兄弟。明天启四年（1624），颜思齐等人密谋推翻德川幕府的统治，建立华人政权。但颜思齐等人到底有没有企图以暴动的方式推翻德川幕府，目前尚无定论。史书上也没有关于颜思齐暴动的记载，这一说法主要来自民间传说和文学演义。

据说，颜思齐、郑芝龙等28个人于六月十五日结为异姓兄弟，并立下誓言：

"生不同日，死必同时。"

众人公推颜思齐为盟主，主持大计。于是，一帮人秘密打造兵器，建造船只，招兵买马，准备择日举事。

此时，田川氏已经身怀六甲，孩子即将出生。郑芝龙虽然忙于大事，但也时常回家探望妻子。民间传说，田川氏怀孕时，经常梦到"乘空登天，看见天上东南方有一道白光，阔几十丈，长几百丈，闪闪的乱动"。这种说法不足信，只不过是时人为显示田川氏腹中胎儿的与众不同而捏造出来的所谓"天降异象"。

（三）

天启四年七月十三日（公历8月26日）夜，田川氏的腹部传来阵阵剧痛，出现了临产的征兆。当时，郑芝龙正在与颜思齐等人商议武装暴动的相关事宜，不在家中。翁翌皇夫妇俩急得团团转，赶忙遣仆人去请产婆。

当夜，翁家小院灯火通明。翁翌皇和妻子在院子中走来走去，不时问一下：

"情况怎么样？"

"孩子出生了吗？"

……

家人们都忙得手脚并用，也顾不上回答他们的问话了。过了一会儿，翁翌皇夫妇忽然想起，二人只顾着急了，还没派人去请孩子的父亲郑芝龙呢！

翁翌皇一边拍着脑门，一边嘟囔说：

"瞧我这脑子，这种时候，孩子的父亲怎么能不在身边呢！快，快，快去请芝龙。"

七月十四（公历8月27日）一早，郑芝龙又惊又喜地冲进翁家小院，高声问道：

"生了吗？男孩还是女孩？"

翁翌皇夫妇忙迎出来，焦急地说道：

"还没生呢！折腾一夜了！你怎么到现在才回来？"

郑芝龙一听孩子还没出生，也焦急地嘟囔道：

"怎么还没生呢？怎么还没生呢？"

话音刚落，产房里忽然传来一阵嘹亮的啼哭声。紧接着，产婆冲出来，笑着对众人大声道：

"恭喜，恭喜！产下一位小公子！"

翁翌皇一听，立即眉开眼笑，转头向郑芝龙贺喜道：

"芝龙，你当爹了，快给孩子取个名字吧！"

郑芝龙也笑得合不拢嘴。沉思半晌后，他说：

"就叫福松吧，郑福松！"

翁翌皇捻着胡须，连声道：

"郑福松，好，好！"

降生于异国他乡的郑福松就是日后名动天下、叱咤风云的中华英雄郑成功。按照古代的习俗，父母所取之名一般只在幼时使用，待到读书时，教师会另外给取一个学名。"福松"这个名字大概用到郑成功7岁之时。为叙述方便，在其7岁之前，暂且以"福松"呼之。

名震九州的郑芝龙喜得贵子，难免要庆祝一番。满心欢喜的郑芝龙没想到，一场祸事就在身边。

这年的八月上旬，颜思齐、郑芝龙密谋推翻德川幕府之事不幸泄露，遭到幕府的通缉。颜思齐大惊，立即联络郑芝龙等异姓兄弟，分乘13艘大船沿九州西海岸向南逃去。

由于事出突然，众人都没能带走家眷。而且，当时的日本政府有一项看起来极其怪异的规定：不准女性离开本土。

由于年代久远，且又缺乏明确的文字记载，现在已经无法知道郑芝龙是何时离开平户的。一些传记作者认为，郑芝龙离开时，福松一岁左右；也有人认为，福松尚未满月，郑芝龙便去了台湾。综合有关颜思齐"开台"的史料记载，本书采纳后一种说法。

船队来到九州的外岛洲仔尾，陈衷纪建议颜思齐前往台湾。他说：

"吾闻琉球为海上荒岛，势控东南，地肥饶可霸，今当先取其地，然后侵略四方，则扶余之业可成也。"

陈衷纪是颜思齐集团的重要人物之一，与颜思齐是同乡，深受众人的尊敬。陈衷纪所说的琉球，并不是指位于日本和台湾之间的琉球王国，而是指台湾。明朝时期，国人称台湾为小琉球，所以陈衷纪才会以琉球称之。

不过，当时的台湾并非无主荒岛。从三国时期开始，东南沿海一带的汉族居民便开始逐渐移居台湾，到明朝末年已达到相当的规模。从宋朝开始，我国中央政府便在澎湖地区设置管理机构，负责巡逻、查缉罪犯，并兼办盐课。

陈衷纪所说的"扶余"，则是指日本。古时候，国人常以"扶余""东瀛"等名称称呼日本。从陈衷纪此言可以看出，颜思齐等人想以台湾为基地，完成推翻德川幕府的大业。

天启四年八月二十三日，颜思齐一行在笨港（今台湾云林县北港镇，时为中国大陆和台湾之间重要的交通通道）靠岸。颜思齐见岛上地肥水美，大片荒野未辟，遂打消了开创"扶余之业"的想法，想在岛上开疆拓土，干出一番大事业。

（四）

颜思齐一行登陆台湾，引起了原住民和早期汉族移民的恐慌。他们以为是外敌入侵，因此立即聚众来攻。直到那些懂得闽南语和原住民语言的早期移民见来人也操中文，方知遇到了故国之人。

豪爽的颜思齐等人立即邀请原住民和早期移民开怀畅饮，商议开台大业。众人一边喝酒，一边谈判，酒足饭饱后，协议也达成了。双方约定，各自划定疆界，互不侵扰。

颜思齐大喜，当即领着众人伐木辟土，构筑寨寨。众人按照颜思齐的规划，在笨港东南岸的平野（今台湾嘉义县新港乡）建造了井字型营寨，中间为大高台，使之成为组织指挥垦荒的中枢。

与此同时，颜思齐又派异姓兄弟杨天生率船队赴福建漳州、泉州招募移民，前来开垦荒地。据史料记载，漳州、泉州等地先后有3000余人跟随杨天生来到台湾，参加了台湾历史上第一次有组织的大规模开发。

颜思齐、郑芝龙将垦民分成十寨，发给银两、耕牛和农具等。众人感激不尽，立即开始了筚路蓝缕的拓垦活动。垦荒需要资金投入，颜思齐等人虽然有些积蓄，但也无法满足开垦的需要。

不久，众人便从垦民中挑选了一批有航海的经验的人，组织武装海商集团，干起了"漂洋"的勾当。他们利用13艘大船和海上的交通之便，开展和祖国东南沿海的海上贸易，同时也干些打劫、收保护费的勾当。

在众人的努力之下，笨港一带沉睡了千百年的荒地变成了良田。原住民见这些和自己同样长着黄皮肤、黑眼睛的移民如此聪明，也纷纷加入其中。颜思齐大喜，立即将原住民编成一寨，令其发挥优势，上山打猎，下海捕鱼，和垦民共同开发台湾。

颜思齐一行抵达台湾不久，荷兰侵略者也侵入了台湾西南海港鹿耳门（今台湾台南市安平镇西北）。据历史学家连横先生的《台湾通史》记载：

"万历初，有葡萄牙船在东海航行，途过台湾之北，自外望之，山岳如画，树木青葱，即名曰科摩沙，译言美丽。是为欧洲人发见台湾之始。"

天启四年，荷兰殖民者入侵台湾西南海港鹿耳门，在沙洲上修筑台湾城，并以侵略军长官松克座舰的名字命名，称之为"热兰遮"，驻兵2800人。后来，殖民者又在台南建赤嵌城（普罗文查城），"背山面海，置巨炮，增成兵，与热兰遮城相犄角"。

在此应特别指出的是，关于颜思齐一行登陆台湾的时间存在着不小的争议。一些历史学家认为，颜思齐登台发生在天启元年，即1621年；一部分历史学家则认为，此事发生在天启四年；还有一部分认为，他们是在天启五年（1625）登陆台湾的。

之所以会出现这样的争议，一方面是因为此事年代久远，又缺乏统一的文字记载；另一方面则是出于政治上的考虑。一些荷兰学者认为，颜思齐登台发生在天启五年，从而将开台之功纳入荷兰人囊中。但这一说法立即遭到世界史学界的抨击。

颜思齐登台发生在天启元年或天启四年都有可能。连横先生的《台湾通史》就持前一种观点。本书采取后一种观点。不过，无论如何，颜思齐登台都发生在荷兰侵略者入侵台湾之前。

第三章　芝龙降清

子尝闻父教子以忠，未闻教子以贰。

——郑成功

（一）

颜思齐是个传奇人物，他的死也充满传奇。天启五年九月，颜思齐带着众人到诸罗山捕猎，豪饮暴食，不幸染上了伤寒病。几天之后，颜思齐就一病不起，命在垂危了。

临终前，颜思齐召集众人，哀声说道：

"不佞与公等共事二载，本期创建功业，扬中国声名。今壮志未遂，中道夭折，公等其继起。"

颜思齐言罢而亡，年仅37岁。众人含泪将颜思齐安葬在尖山山巅（今台湾嘉义县水上乡与中埔乡交界处）。

颜思齐短暂而传奇的一生，在台湾发展史上写下了璀璨而亮丽一页。后人为表达对这位开台英雄的敬仰之情，尊其为"开台王""第一位开拓台湾的先锋"，并在今台湾云林县北港镇兴建了"颜思齐先生开拓台湾登陆纪念碑"，还在今嘉义县新港乡妈祖宫前兴建了"思齐阁"和"怀笨楼"。

颜思齐病故后，众人公推郑芝龙为新任盟主，继续拓垦大业。如果论资排辈的话，怎么也轮不着郑芝龙坐头把交椅。在28名异姓兄弟中，郑芝龙年龄最小，只有22岁。据说，在颜思齐下葬之日，众人都想充当新任首领，争执不休，却无结果。

此时，资历较老的杨天生站出来说：

"大家不要再争了，还是让思齐决定吧！我们在思齐的坟头插一把剑，众兄弟轮流拜祭，谁拜祭的时候宝剑跳出来，谁就是新任首领。"

众人颔首道：

"这个办法好！"

于是，众人便按照年龄，逐一拜祭。但坟上的宝剑始终牢牢插在土中，没有任何反应。结果轮到郑芝龙拜祭时，忽见一道寒光闪过，宝剑跳了出来。就这样，郑芝龙顺理成章地成了新任首领。

这一说法具有浓厚的神话色彩，不可能是历史事实。在国人的印象里，"宝剑"代表着一个人的武功造诣和用兵能力。后人虚构出这样一个故事，很大程度上是为了彰显郑芝龙在海战方面的指挥才能。

郑芝龙坐上头把交椅后，立即着手整顿颜思齐建立起来的武装海商集团。颜思齐是个典型的江湖豪杰。他虽然野心勃勃，想要建立"扶余之业"，但却从未想过建立一支正规军。他在世时，整个武装海商集团犹如一盘散沙，几乎每艘船都有自己的首领和旗号，完全是一伙乌合之众。

郑芝龙虽然年轻，但经历却颇为丰富。他曾经跟葡萄牙人、西班牙人和荷兰人有过接触，也和明朝水师产生过冲突，很欣赏西方海军和明朝水师的组织形式。他认为，唯有建立一支听从指挥、服从命令的部队，才能形成战斗力，达到独霸一方的目的。

郑芝龙仿照西方海军和明朝水师的组织机构，对武装海商集团进行了"体制改革"，设立监军、监守、参谋等职，给麾下的弟兄们封官加爵。

经过几个月的整顿，原本由一帮乌合之众组成的武装海商集团战斗力大增，在中国东南沿海一带声名大噪。就在这一历史时期，郑芝龙领导的"一官党"也逐步建立起来。

正当郑芝龙在台湾大展拳脚的时候，以九州为基地的中国海盗首领李旦去世了。李旦临终留下遗嘱，把自己的船队和部下统统交给郑芝龙指挥。对于此时百废待兴的台湾来说，李旦此举简直是雪中送炭。

郑芝龙命令李旦的儿子李国助为统领，将李旦集团尽数领到台湾。如此一来，不但解决了集团首领更替可能造成的动乱问题，还给台湾的开发和武装海商集团的建设带来了极大的帮助。要知道，李旦集团人数众多，且有数百艘装备精良的战舰。

不过，郑芝龙的"一官党"所面临的局势也不容乐观。在他们的身边，虎视眈眈的荷兰人也在扩充势力，准备独占台湾，只不过荷兰人暂时还没有对"一官党"动武。一方面，他们的实力不足，没有胜算；另一方面，郑芝龙与他们有过接触，多少有些交情。但郑芝龙知道，在利益面前，最靠不住的就是交情，这些白皮肤蓝眼睛的家伙翻脸比翻书还快！要想让对方不翻脸，只有扩充实力，让其胆寒。

与此同时，海峡之西的明朝水师也在整军备战，准备驱逐荷兰人和郑芝龙的"一官党"。要想挡住朝廷的攻打，也只有建立一支强大的海军。

（二）

打定主意之后，郑芝龙开始行动了。他从福建、广东沿海招募了郑明、杨耿、陈辉、郑彩等部将，引为亲信，组建了18个先锋军团，号称"十八芝"。同时，他又利用和荷兰人的关系，购买了"开花炮"，用于装备水师。

"开花炮"是当时世界上最先进的火器，威力极大。在一些武侠小说和电影中，经常能见到"开花炮"的身影。

不过，时人并不称之为"开花炮"，而以"红衣大炮"呼之。为什么要叫"红衣大炮"呢？最初，明人称这种巨型炮为"红夷大炮"，因为他们是从红头发的荷兰人、葡萄牙人手中买来的。"夷"是时人对开化较晚的民族的称呼。由于明朝的官员往往在这些巨炮上盖以红布，红夷也就讹为"红衣"了。

红衣大炮在设计上比较科学。它的炮管较长，管壁很厚，而且是从炮口到炮尾逐渐加粗的，符合火药燃烧时膛压由高到低的原理；在炮身的重心处两侧有圆柱型的炮耳，火炮以此为轴可以调节射角，配合火药用量改变射程；设有准星和照门，依照抛物线来计算弹道，精度很高。无论在射程方面，还是在射击精度上，红衣大炮都比明朝前期以铜为材料自制的火铳要优越。

据史料记载，明朝自制铁火铳的最大射程不超过3里（即1500米），而且要冒着炸膛的危险。因为铜的质地较软，无法承受火药燃烧时产生的冲击力。而一般的重型红衣大炮，轻轻松松就能打到七八里外，最远可达10里。两者的差距如此之大，着实让人感到震惊！

除了购买"红夷大炮"之外，郑芝龙还高薪礼聘各类火器制造技师。在他的麾下，既有本土的兵器工匠，也有来自葡萄牙、西班牙、荷兰等国的技师。两者取长补短，造出来的武器不仅比明朝水师的火器射击精度高、射程远，还比西方海军的装备火器灵活、实用。

解决了装备问题，郑芝龙又煞费苦心地派人绘制荷兰、葡萄牙人船只图纸，进行仿制。很快，一支强大的水师就建立起来了。到天启七年（1627）时，郑芝龙的武装海商集团已经发展到数万人，拥有大小战舰近千艘。

在同一时期，郑芝龙还继承了颜思齐的既定政策，不断从福建沿海招募移民到台湾，发展山海经济。在台湾农垦区，散布着上万名来自大陆的移民。他们多是郑芝龙趁福建灾荒的机会招募来的难民，在当地耕种土地，向郑芝龙缴纳租税。然而，郑芝龙的骤然强大不但引起了大明王朝的注意和荷兰侵略者的警惕，也招来了其他海盗团伙的嫉妒。

开始时，郑芝龙虽然和荷兰人保持着贸易关系，但其贸易额十分有限。天启六年，西班牙侵略者在鸡笼（今台湾基隆）、淡水（今台湾淡水）登陆，与荷兰人争利。荷兰人遂将主要精力放在防备和打击西班牙人身上，并不重视郑芝龙集团。

荷兰人热衷于收购中国的丝绸、生丝、瓷器等高价货物。当时，这些东西在欧洲被视为奢侈品，只有王室贵族和富商大贾才消受得起。郑芝龙和荷兰人交易的物品也是这些东西。但荷兰人的主要合作伙伴是亦官亦盗的许心素。

许心素原本是李旦在中国大陆的代言人，不但在东南沿海有着广泛的人脉，财力也十分雄厚。李旦去世后，许心素接受了明朝的招安，成了福建总兵俞咨皋的重要幕僚。凭借着这层关系，许心素成了东南沿海唯一一个和荷兰人有合法贸易权的商人。

和郑芝龙相比，许心素这种半官半商的身份自然更吸引荷兰人。因此，荷兰人和许心素频繁进行交易，每次的供货额都在200担以上，金额达3万余两白银。

郑芝龙一直想打破这种局面，但一直没有找到机会。自从明朝水师和荷兰殖民者在澎湖激战之后，明王朝错误地撤掉了澎湖地区的防务，甚至裁撤沿海水师，全面收缩防线。这一政策导致东南海患再次严重起来。当时，浙江、福建沿海到处都是海盗，主要是杨六、蔡三、钟六等人领导的武装集团。郑芝龙派人和众人联系，企图联合攻打明朝水师。

天启七年，郑芝龙率领百余艘战舰，悍然攻击明王朝海防重地铜山所（今福建省漳州市东山县铜陵镇）。明朝水师被郑芝龙强大的火力吓怕了，竟然闭门不出。福建总兵俞咨皋因此遭到朝廷撤职查办。许心素失去了靠山，不久便被郑芝龙所擒。

（三）

郑芝龙出兵攻打明朝水师，引起了荷兰侵略者的戒心。他们担心，郑芝龙既然敢攻打明朝水师，说不准明天就敢来攻打自己。怎么办呢？不如趁其出兵中国福建之际，从背后发动突袭，一举将其消灭。于是，荷兰侵略者便趁机向郑芝龙背后发起攻击。

郑芝龙大惊，立即组织兵力迎战。双方在铜山所附近的海面打了起来。荷兰人知道郑芝龙所部战斗力不弱，但没想到他们的火力如此猛烈。短短的几个小时之内，荷兰舰队便损失了两艘战舰，一艘被击沉，一艘被俘。荷兰人惊慌失措，慌忙退往澎湖地区。

此后，郑芝龙的战船遍布在台湾海峡的水域里，只要看到荷兰战舰，就发起攻击。从天启七年到崇祯元年（1628）的一年里，荷兰人仅被击沉的商船就有十艘之多，还有多艘军舰被俘。荷兰驻台湾总督揆一后来回忆说：

"我们都不敢在中国沿海露面，否则就会成为一官（郑芝龙）的俘虏。"

打败了荷兰人，明朝水师又不敢出战，整个东南沿海都成了郑芝龙的天下。恰在此时，福建沿海地区又发生灾荒，致使饿殍遍野。郑芝龙见状，便趁机带着粮食到福建一带借赈灾之机招兵买马。

海盗不杀人，还出资赈灾，百姓们个个都感恩戴德，不少青壮年也纷纷加入到这一官党之中。当地百姓也成了郑芝龙的"情报人员"。每次郑芝龙的船队出现时，百姓们都自告奋勇地为其充当哨兵，通报官兵的踪迹。

当时，泉州府同安（今福建省厦门市同安区）知县在写给福建巡抚熊文灿的文书中说：

"郑芝龙虽事劫掠，但对泉州百姓却是异常仁慈，所到地方但令报水（即通报官府踪迹），而未尝杀人。有彻贫者，且以钱米与之。"

崇祯元年，工科给事中颜继祖在给崇祯帝的奏折中也写道：

"海盗郑芝龙，生长于泉（即泉州），聚徒数万，劫富施贫，民不畏官而畏盗。"

颜继祖的"民不畏官而畏盗"是一种委婉的说法，是为了保存朝廷的颜面。实际上，他是在暗示崇祯帝，郑芝龙在泉州民间的威望比官府高多了！

崇祯帝大怒，心想：

"你一个小小的海盗，影响力居然超过了官府，这还了得！朝廷如果治你的话，颜面何存！"

于是，他立即令福建巡抚熊文灿组织水师攻打郑芝龙的武装海商集团。郑芝龙毫不畏惧，"兵来将挡，水来土掩"，率兵迎击，将熊文灿打得落花流水。

在交战中，熊文灿发现一个奇怪的现象：郑芝龙从不追杀败逃的朝廷水师，被其所俘的朝廷官兵也都被放还。这是怎么回事呢？熊文灿百思不得其解，但又不能不按照皇帝的命令继续和郑芝龙周旋。

熊文灿和郑芝龙在台湾海峡打了三仗，每次都大败而回。第三次时，他的幕僚卢玉英也被郑芝龙俘虏了。

过了几天，卢玉英从郑芝龙部返回军营，对熊文灿说：

"大人，郑芝龙愿意接受招安。他对卑职说，如果朝廷肯接纳他郑芝龙投降的话，他愿意誓死效力，让东南半壁江山从此高枕无忧。"

此时，郑芝龙接连大败朝廷水师的消息也传到了明朝的首都北京。懦弱胆小的崇祯帝被震住了！当时，明末农民起义已经全面爆发，全国各地的反明之声不绝于耳。王嘉胤、王大梁、高迎祥和王左卦等人已经占领了大半个陕北，实力急剧膨胀。崇祯帝坐立不安，日夜想着如何才能坐稳皇位。如今，郑芝龙既然愿意接受招安，何不给他个一官半职，让他替朝廷卖力呢？于是，崇祯帝便晓谕熊文灿，招安郑芝龙。

熊文灿此时已经被郑芝龙打得晕头转向，接到崇祯帝这道诏命后，如临大赦，立即让时任泉州巡海道的蔡善继和郑芝龙接洽。郑芝龙的父亲曾在蔡善继手下做过几年库吏，和郑家多少有些交情。因此，这次谈判进行得很顺利，熊文灿向郑芝龙保证，仍令其统领原来的部队，不拆分，也不削弱。

郑芝龙大喜，同意接受招安，受封为明朝的"五省游击将军"。就这样，郑芝龙结束了海盗生涯，成了大明王朝的朝廷命官。

郑芝龙在接受招安后，也没忘记老朋友和老对手荷兰人。他离开台湾时，与荷兰人签订了一项沿海贸易协定，规定了荷兰人来华贸易的次数、船只吨位、交易规模等。当然，荷兰人需要向他缴纳一定数额的"税金"。

一切安排妥当之后，郑芝龙带着他的3万人马和上千艘战舰离开了台湾。如此一来，热火朝天的开发工作便被丢下了，台湾只剩下了部分留守士卒和大批垦民。起初，以笨港为中心的大片地区仍在郑芝龙的控制之下，当地百姓照样要向他缴纳租税。但时间一长，问题就出现了。郑芝龙将主要精力转移到福建，自然就顾不了台湾了。荷兰人便趁机步步为营，渐渐吞并了郑芝龙的地盘。

第四章　英雄归国

神州鼎沸横胡虏，禽兽衣冠痛伪朝。十万健儿天讨至，雄心激似大江潮。

——郑成功

（一）

当上"五省游击将军"之后，郑芝龙做的第一件事就是遣人到日本九州去接田川氏母子。在此之前，郑芝龙应该不止一次遣人去接过妻儿，甚至还亲自去过，但始终没有得到德川幕府的同意。

郑芝龙认为，德川幕府当时拒绝他的请求，主要是看不起自己的海盗身份。但现在情况不同了，他已经成了大明王朝的官员。在时人看来，这可是一个光耀门楣的职位啊！游击将军是杂号将军，品秩不定，大致为从五品到三品之间，但也算得上是朝廷大员了。郑芝龙认为，德川幕府就算不给他郑芝龙面子，也要给这个品秩一点面子。

令郑芝龙没想到的是，德川幕府再次拒绝了田川母子离境的请求。郑芝龙离开平户时，郑福松刚刚满月，不可能对父亲产生什么印象。尽管郑芝龙后来到平户去看望过他们母子，但逗留的时间通常都十分短暂，郑福松对父亲的感情也比较淡泊。

天启六年（1626），田川氏生下了次子七左卫门。照此推算的话，郑芝龙应该在天启五年至少回过平户一次。由于田川家族没有男丁，郑芝龙就把次子过继给田川氏的娘家，让他姓田川，取名七左门卫。七左门卫排行第二，又被时人按照日本的习俗称为次郎或田川次郎左门卫。

崇祯初年，翁翌皇夫妇已经相继病故，田川氏失去了依靠，只能带着两个孩子过着清贫的生活。生活虽然清苦些，但田川氏并没有忽略孩子们的教育。她以中国的《百家姓》《三字经》等启蒙读物为教材，给孩子们讲述做人的道理，教育他们养成良好的生活习惯，有时还会讲述一些中国英雄人物的故事，如文天祥宁死不屈、戚继光抗倭等。

福松兄弟在母亲的精心照顾下一天天长大。有一次，福松和几个孩子一起玩耍，玩着玩着就打了起来。几个日本孩子将福松围在中间，大声骂道：

"你是个没有父亲的野孩子！"

福松不服，也回骂道：

"你们才是没有父亲的孩子！"

几个孩子一拥而上，将福松打倒在地，一边拳脚相加，一边骂道：

"你这个中国小孩居然还敢顶嘴！知道吗？你不是日本人，你是中国人！你应该早点滚回你的中国去！"

福松伤心极了。是呀，别人都有父亲，我的父亲在哪里呢？为什么他们说我是中国人？

委屈的福松从地上爬起来，一瘸一拐地回到家里，哭着问母亲：

"妈妈，他们说我没有父亲，还说我是中国人，让我快点滚回中国，这是为什么啊？"

田川氏看着泪流满面的福松，眼泪也像断线的珠子一样，噼里啪啦落了下来。她一手牵着福松，一手抱着次郎，来到西部海滨。她极目西眺，希望能看到丈夫扬帆而归的身影。但看了半天，田川氏什么也没看到。曾经，她无数次带着孩子在海边这样望着大海，但每次什么话都不说。

这次不同了，田川氏觉得有必要告诉孩子，他的确是个中国人，他的父亲和他的故乡在大海彼岸。因此沉默了良久，田川氏指着无边无际的大海，对福松说：

"没错，孩子，你是个中国人！你的故乡和父亲就在海的那边！"

天真的福松听了母亲的话，仰着头问道：

"那父亲为什么不来接我们回家呢？"

田川氏叹了口气，摸摸福松的头，慈爱地说：

"你父亲来接过我们，但没有成功。你的父亲日夜都在思念我们，就像我们思念他一样。"

从田川氏口中，福松听到了父亲许多传奇式的经历，也更加想早日见到父亲。从此之后，他常常领着弟弟来到海边，望着来来往往的船只，对弟弟说：

"父亲很快就会驾着船来接我们了。"

（二）

郑芝龙没能顺利接回妻儿，但在仕途上却顺风顺水。在台湾的几年里，郑芝龙积蓄了不少钱财，恐怕整个福建都没人能与他相比。郑芝龙带着芝虎、芝豹等兄弟，风风光光地回到了南安。所谓"富贵不还乡如锦衣夜行"，郑芝龙也未能免俗。他和几个弟弟在故乡修建高大的私邸，同时还购买了大量的土地，种植各种出口经济作物，海商之外俨然又是大地主。

不过，郑芝龙并没有因衣锦还乡而产生自满之心，他的目光始终放在辽阔的大海之上。南安在泉州之西，并不滨海，没有优良的港口，无法控制东南海域。作为一个海上枭雄，他更看重晋江的安平镇（今福建省晋江市安海镇）。

安平虽然不在晋江的入海口，但地理位置却十分优越。它面临围头湾，直面金门岛，进可攻，退可守。更重要的是，此地和郑芝龙控制下的厦岛、大小金岛都在围头湾周围，互为犄角。

安平在嘉靖年间曾多次遭到倭寇的侵袭。从那时起，当地官府和百姓就筑起了安平城墙。将安平划为基地之后，郑芝龙又对城墙做了大修，几乎重筑了一座新城。安平成为郑芝龙拥兵自守的军事据点和海上贸易基地，同日本、台湾进行贸易的船只都由这里出入。荷兰人称这些商船为"安海船"。

除修筑城墙、加强防务外，郑芝龙也没有忘记修建豪华的宅邸。崇祯三年（1630）春，郑芝龙开始大规模修筑自己的官邸。这座豪华的官邸历时三年零两个月才完成。

根据《嘉庆赤店乡土志》记载，郑芝龙的官邸占地138亩，直通港口。官邸的主构为歇山式五开间十三架，三通双火巷五进院落。两旁翼堂、楼阁，亭榭互对，环列为屏障。东有"敦仁阁"，西有"泰运楼"，前厅为"天主堂"，中厅为"孝思堂"，规模宏伟。大厝背后辟有"致远园"，周以墙为护，疏以丘壑、亭台、楼舍、池沼、小桥、曲径、佳木、异草等。

郑芝龙混得风生水起，崇祯帝却如坐针毡。且不说后金政权年年对辽东用兵，不断南侵，也不说各地农民起义军正在如火如荼地发展，单单东南沿海的海盗和荷兰侵略者，就已够崇祯帝头疼的了。焦头烂额的崇祯帝只能命熊文灿组织兵力进剿，但同样被海患搅得焦头烂额的熊文灿也丝毫没有办法，他只能将这一任务交给"五省游击将军"郑芝龙。

郑芝龙是海盗出身，对海上的事情最了解不过了。当下，他就向熊文灿保证说：

"大人只管放心，这些海盗就交给卑职好了，卑职保证让他们在两三年内销声匿迹。"

事实上，郑芝龙要灭掉横行东南沿海的李魁奇、刘香等海盗，根本不需要两三年的时间。他之所以这样说，主要是出于两方面的考虑。

首先，郑芝龙的水师要兼营海外贸易，无法将主要精力放在打击海盗身上，而且也没必要这样做。

其次，历史上发生过太多"兔死狗烹"的事件，郑芝龙也是海盗出身，他今天帮朝廷灭了海盗，朝廷明天会不会转而对付他呢？这可说不好，凡事都得留个心眼！

郑芝龙向朝廷要了些粮饷后，便带着众兄弟出海去了。他们和海盗打打停停，抓了放，放了再抓，一直打了好几个月。那些势力薄弱的海盗，如李魁奇等，经不起这番折腾，或逃走，或投降，全都平定了，只剩下实力较为强劲的刘香了。

在这种形势下，郑芝龙觉得他与刘香之间不能再打了。再打下去，"兵抓贼"的游戏就结束了。届时，他郑芝龙对朝廷也就失去价值了。

于是，郑芝龙收兵返回安平，向朝廷上表请功。虽然此时刘香还在海上横行，但海患毕竟缓和了不少，崇祯帝对这个结果还是比较满意的，遂下诏对郑芝龙及部下逐一封赏。

（三）

招降了大量海盗之后，郑芝龙的势力急剧膨胀，俨然成了闽南霸主，甚至连巡抚熊文灿都得给他七分面子。

每天，郑芝龙都春风得意，满面红光。但每当夜幕晚降临，独处一室时，一种巨大的孤独感又会悄然袭来。如今，他身为大明王朝的五省游击将军，手握数万兵力，雄霸一方，也算得上是光耀门楣了！但这又能如何呢？他的妻儿照样被德川幕府扣留在平户。每每想到这些，郑芝龙就怒气填膺。

崇祯三年七月，愤怒的郑芝龙再次派人到平户去接妻子田川氏和两个儿子。这一次，他态度决绝地对德川幕府宣称：

"如若再不允我妻儿归国，郑某人便不惜刀兵相向。"

这次德川幕府感到害怕了，但他们也不能听凭郑芝龙的摆布。于是，德川幕府派人与郑芝龙的使者展开了谈判。最终，双方决定各退一步：郑福松可以回国，但田川氏和次郎必须继续留在日本。

这一天，田川氏领着两个孩子在海边玩耍。忽然，她远远地看见一支船队从西方径直朝平户而来。田川氏激动地想：

"这是中国来的船队，会不会是芝龙呢？"

船队慢慢靠近了，桅杆上赫然飘着"郑"字大旗。郑芝龙曾对田川氏说过，等哪一天她看到了悬挂"郑"字旗的船队，他就回来接她了。

田川氏以手掩口，低声啜泣起来。郑福松和七左门卫诧异地看着妈妈，连声问：

"妈妈，妈妈，你怎么了？"

田川氏将脸上的眼泪擦掉，然后指着船队说：

"芝龙，次郎，快看，你们的父亲来接我们了。"

郑福松和七左门卫高兴地跳了起来。他们一边围着母亲田川氏跑来跑去，一边愉快地高喊道：

"可以见到父亲咯，可以见到父亲咯！"

那支挂着"郑"字旗的船队正是郑芝龙派来接郑福松的，但郑芝龙本人并不在船上。田川氏领着众人来到家中，忙前忙后地招待着。然而等来人向其说明，他们此次来只能接走郑福松时，田川氏突然愣住了。但很快，她又喃喃地说道：

"先把福松接走也好，先把福松接走也好！"

已经7岁的郑福松闻知父亲只能接走自己，心里很不是滋味。马上就能见到父亲了，这让他很激动，但却要与母亲分别，这是多么残忍的事情啊！他跑进自己的房间，久久不愿出来。

船队要离开时，田川氏来到福松的门前，低声安慰道：

"福松，好孩子，快点开门，不要让你父亲等得太久了！"

福松却哭着说：

"妈妈，我想和你，还有弟弟一起去见父亲。"

田川氏强忍着泪水，温柔地说：

"好孩子，你先去见父亲，我们稍后就到中国和你们会合的。"

福松抹了抹眼泪，天真地问道：

"这是真的吗？"

"真的。你到了中国后，一定要好好听父亲的话，好好读书，将来做一个英雄！"

福松这次打开门走出来，拉着母亲的手，仰头郑重地说道：

"孩儿一定会记住母亲的教诲的。"

离开母亲时，郑福松亲手在门栽了一棵椎树，以示对母亲的依恋和安慰。后来，这棵小树苗长成了参天大树，盘结苍郁，蔚为壮观，被日本国民推为"松浦心月"的圣景之一。

郑福松回国后，郑芝龙先带他到南安石井拜谒了郑家祖祠，然后回到安平城。从此之后，郑福松便开始了一种与在日本平户时完全不同的生活。

（四）

初到安平的郑福松觉得一切都很新鲜。高大的城墙，美轮美奂的楼房，雄伟的港口，泊在围头湾里的战舰、商船……一切都令人目不暇接。

更让福松惊叹不已的是，这些东西竟然都是父亲的，都是郑家的。而且无论他走到哪里，都会受到人们的热烈欢迎。他虽然不知道这其中的原因，但却能隐隐地感到：这一切都与他是郑芝龙的儿子有关。

郑芝龙很喜欢这个在容貌和气质上都颇为接近自己的长子。为培养儿子成材，郑芝龙花重金聘请了一位很有学问的儒者担任福松的老师。老师给福松取了一个学名"森",字明俨。从此之后,众人就开始以这个新名字来称呼他了。

郑森天资聪颖,有过目不忘之才。据说,他8岁能背诵四书五经,10岁能写八股文,堪称一代神童。更为难得的是,这个神童学习十分刻苦,几乎达到了废寝忘食的地步。

有一次,郑芝龙领着众幕僚和儿子到五马江游览。众人都在欣赏风景,唯有郑森独坐在一个角落里潜心读书。郑芝龙对儿子寄托了非常大的期望,希望他将来能够继承自己的事业,现在见他学习如此刻苦,心里十分高兴。

船帆升了起来,风儿将帆鼓得满满的,像一支离弦的箭一样向前飞驶。郑芝龙想考考自己的宝贝儿子,便对他说:

"森儿,我出个对子,你对对看。"

郑森放下手中的书,站起来回答说:

"请父亲出上联。"

郑芝龙指着不远处的一只舢板说道:

"你看对面那只舢板,尽管渔民拼命摇橹,可怎么也没我们快。为父就此为题,出个上联:两舟并行,橹速(鲁肃)不如帆快(樊哙)。你对个下联吧。"

郑芝龙的这个上联语带双关,表面上是在说舢板不如帆船快,实际上是在说三国时期的东吴谋士鲁肃比不上西汉的开国将领樊哙。"橹速"实际上是指"鲁肃","帆快"则是指"樊哙"。

郑芝龙将两个不同历史时期的人物拿来比较,难免有些"关公战秦琼"的味道。不过,他的言下之意也非常明显,即文官不如武将。

这个对子看似平平,实际却非常难对。因为既要找出两个历史人物,又要利用谐音,完成这个对偶,实在太难了。满船的幕僚和儒者都在心中暗暗盘算:

"这个对子要怎样对才能对得既工整又恰当呢?郑公子年龄这么

小，恐怕对不上来吧！"

然而郑森凝神远望，略一沉思，便微笑道：

"有了。"

郑芝龙望着儿子的眼睛，慈爱地说：

"那就快点对吧！"

郑森学着儒生的样子，随后摇头晃脑地对道：

"八音齐奏，笛清（狄青）难比箫和（萧何）。"

语音刚落，满座叫绝。"笛清"与北宋仁宗皇帝驾下的大元帅狄青之名谐音，"箫和"则暗指协助刘邦治国平天下的丞相萧何。如此一来，这个下联不但在形式上与上联对上了，意思也非常恰当。郑芝龙说"文官（鲁肃）不如武将（樊哙）"，郑森则说"武将（狄青）难比文官（萧何）"。

郑芝龙一听，高兴地摸着儿子的头，说道：

"我儿真乃奇才也！"

郑森喜欢读《春秋左传》和《孙子兵法》等书。由此可见，他少年时期就志向远大。有一次，老师以"洒扫应对进退"为题命他作文。郑森在文章中写道：

"汤武之征诛，一洒扫也；尧舜之揖让，一进退应对也。"

这篇文章意境开豁、新奇，使老师感叹不已，就连郑芝龙这个没读过多少书的将官看了后都十分佩服。郑森之所以能写出这样的句子，与他的远大志向有关。他曾在《孙子兵法》一书的空白处写下"挥尘谈兵效古之英豪，究心天下封侯非所愿"之句，以表明自己胸怀大志。

闲下来时，郑森还喜欢到军营中与将士们谈论海上的战斗与生活，或者跟着大家一起舞刀弄棒。士卒们都很喜欢这个小少帅，很快就与他成了好朋友。少年时的这些经历使郑森对海战的战略、战术有了一定的了解，为其以后弃笔从戎奠定了基础。

郑成功一生酷爱读书，即使在率部南征北战之时，他也经常开卷阅读。据说，厦门太平岩"旧为郑氏读书所"。后人为纪念他，便在岩上一个凉亭畔的碑上刻了"郑延平郡王读书处"8个大字。

第五章　对战荷军

　　开辟荆榛逐荷夷，十年始克复先基。田横尚有三千客，茹苦间关不忍离。

——郑成功

（一）

　　崇祯初年，郑芝龙以亦官亦盗的方式，迅速垄断了东南沿海的对外贸易，成为富甲全闽的重量级人物。但是，他在台湾的势力却日渐凋零。郭怀一几乎每个月都给他写信，向他汇报台湾方面的事务。

　　郭怀一是移民台湾的汉人首领，也是郑芝龙在台湾的代理人。郑芝龙正是通过郭怀一来统治台湾地区的汉人移民的。不过，自从接受朝廷的招安之后，他就很少干涉当地的事务了。就连荷兰侵略者向当地居民收取人头税，他也没有做出来干涉。

　　崇祯六年（1633）的一天，郑芝龙又接到了郭怀一的书信。郭怀一在信中说：

　　"荷兰人暗中勾结刘香，企图与将军作对。"

　　郑芝龙立即把几个弟弟和其他千总们叫到营中，商议对策。他早就知道荷兰人和海盗刘香暗中有勾结，但他不想太快与荷兰人撕破脸皮。他是朝廷命官，但同时也是一个商人。一旦与荷兰人撕破脸皮，对他的海外贸易会产生很大的影响。再者，荷兰人暗中支持刘香，也不过是想保持海上势力的平衡，以防郑芝龙太多强大。说白了，一切都是利益在起作用。

众人看了郭怀一的来信后，都纷纷说：

"既然红毛（指荷兰人）敢和将军作对，何不趁机教训他们一下呢？何况朝廷早就下令让我们攻打红毛了。"

郑芝龙略一沉思，回答说：

"好，那大家就筹划一下作战方案，择日出征。"

众人一听，反而陷入了沉默，谁也没了主意。郑芝龙微闭着眼睛，沉思了一会儿，说道：

"我们虽然在火力上占有优势，但红毛的巨舰也不是吃素的，除非用火攻！"

郑芝虎一听，笑道：

"还是大哥有办法。红毛的船虽然大，但行动迟缓，一旦着火就完蛋了。"

郑芝凤和郑芝豹等人随后也纷纷附和道：

"真乃妙计也！我们这就去准备。"

但郑芝龙却阻止了他们，说道：

"你们不要着急，我们先来找一支队伍练练兵，提提士气。"

初夏，郑芝龙领着主力部队到福宁（今福建省霞浦县）方向剿匪练兵去了。就在此时，荷兰人向驻守在南澳（今广东省南澳县）的明军发起了突袭。当然，荷兰人并不知道郑芝龙是想要对付他们。他们之所以主动向明军发动突袭，主要是想迫使明朝政府取消西班牙、葡萄牙两国与中国的贸易特权，直接与荷兰建立贸易关系。

荷兰方面认为，他们有当时世界上最为先进的船只和加农炮，打败装备相对落后的明朝水师应该不在话下。六月初，荷兰派驻台湾的新任长官普特曼斯率领13艘荷兰巨舰和50余艘海盗船，向南澳发动了突袭。

驻守南澳的把总范汝耀立即率部还击。激战中，范汝耀身受重伤，但仍坚持指挥。水师士卒们也十分英勇。南澳一战打得昏天暗地，明军阵亡17人，受伤近百人，但却死死守住了阵地。荷兰人浪费了不少弹药，士卒伤亡也不小，见始终攻不下南澳，只得率败兵北上。

几日之后，荷兰舰队出其不意地来到了厦门。当时，厦门港内停泊着几十艘待修船只，其中有一部分属于郑芝龙所有。由于港内的明军毫无防备，荷兰侵略者一举烧毁和击沉了中国方面的15艘舰船，其中有10艘舰船属于郑芝龙。

荷兰侵略者大获全胜，但还不满意，居然又登岸大掠，抢劫沿海居民。志得意满的荷兰人以为，中国水师简直不堪一击，不足为虑。因此，他们竟然封锁了厦门湾，强迫沿岸居民向他们进贡猪、牛等物，并威胁中国方面向荷兰开放贸易。

（二）

荷兰侵略者攻打厦门湾的消息传开后，举国震怒。崇祯帝本着先礼后兵的原则，一边遣使与荷兰人进行谈判，一边令福建方面积极做好迎敌准备。

然而，这次谈判完全成了闹剧。荷兰人要求明朝政府立即停止同西班牙、葡萄牙等国的贸易，只能与荷兰人贸易，否则将再度开战。但明朝代表也义正言辞地答复说：

"你们必须先赔偿战争损失，退回台湾，然后才有可能谈判商务方面的问题。"

自恃船坚炮利的荷兰人见明朝政府不肯退让，便再度进攻厦门。驻守厦门的明军水师游击张永产和同安知县熊汝霖共同督军出战。

在混战中，荷兰军发现，南澳水战的境况又重演了。明军将士根本不管什么船坚炮利，只顾穷追猛打。荷兰人渐渐不支，最终在阵亡10

多人后向外洋退去。此后，明朝水师与荷兰侵略者只进行了几次小范围的接触，但都获得了胜利。

八月，崇祯帝命时任福建巡抚的邹维琏严惩荷兰侵略者。作为明末的著名封疆大吏，邹维琏毫不含糊，立即飞谕各地文武将吏，不许再谈"互市"二字，"誓以一身拼死当夷"。

随后，邹维琏抵达漳州，檄调诸将，大集舟师，并以郑芝龙为先锋，高应岳为左翼，张永产为右翼，王尚忠为游兵，吴震元、陈梦珠记功散赏，准备与荷兰人展开决战。

在厦门之役中，郑芝龙所部的损失最大，其次是张永产所部。但郑芝龙与张永产不同，他不但是朝廷命官，还是绿林领袖。损失的人马都是跟随他多年的好兄弟，若不能为他们报仇，他的威望就会受损。

因此，除了明朝官方安排的赏格外，郑芝龙本人还动用了江湖令。他用自己私人的金库对手下发出赏格：参战者每人给银二两；若战事延长，额外增给五两。每只火船16人，若烧毁了荷兰船，给银200两，一个荷兰人头给银50两。

对普通士卒来说，这些赏银非常具有诱惑力。因为当时的七品县令每月的俸禄也不过只有五两银子左右。

赏银只是激发士卒战斗力的方法之一。郑芝龙所部是按照江湖规矩组建起来的，最重义气。他们见荷兰人背信弃义地攻打厦门湾，个个都义愤填膺，想为死难的兄弟报仇。因此，在明朝水师的各路大军中，数郑芝龙所部的士气最高。

在明方积极备战时，荷兰人也不敢怠慢。为加强自身的战斗力，他们招来了郑芝龙的死对头大海盗刘香。

郑芝龙和刘香之间一直都矛盾重重。两人打了数战，但一直也未能分出胜负。有资料表明，刘香很可能是郑芝龙组建的"十八芝"之一。后来，郑芝龙投靠了朝廷，两人关系恶化，遂转为仇人。

刘香的实力也不弱，拥有数百条战船和数千士卒。不过，他还没有傻到用全部实力去帮助荷兰人跟中国人打仗的程度。接到荷兰人的求援之后，他只带了50余只战船开赴福建沿海。双方都在紧锣密鼓地准备着，一场大战迫在眉睫。

初秋季节，东南沿海的台风刚刚过去，明朝水师和荷兰侵略者便在料罗湾（位于金门岛东南海岸）展开了厮杀。那天，邹维琏得知荷兰舰队正泊在料罗湾一带休整，立即命各部于次日黎明出击。

第二天黎明，海面上静悄悄的，只有风轻轻吹拂海浪的声音。邹维琏令各路大军的150余只战船悄悄向料罗湾逼近。先锋郑芝龙的实力最强，他命所部兵分两路，顺着东风，直捣贼巢。

郑芝龙发现，精明的荷兰人让刘香的海盗船摆在四周，自己的战舰居于中心。然后，郑芝龙将手下的千总们叫到指挥船上，吩咐道：

"主力直逼红毛的船队，只令一些小船缠住刘香所部即可。"

众人领命，立即采取黑虎掏心的战术，冲入敌阵。尚在沉睡中的荷兰人被一阵喊杀声惊醒，荷兰指挥官普特曼斯忙命各舰鸣炮迎敌。但他很快发现，郑芝龙所用的战术是他从未见过的。在欧洲的海战中，参战双方只是以巨炮轰击对方的船只，但郑芝龙却采取了火海战术。明军的战船中只有50艘是炮舰，其余100条小船则是清一色的火船。

百余条火船掩护着炮舰，直逼荷兰人的巨舰。由于船体太大，移动速度缓慢，荷兰船很快就被火船引着了。一阵喧嚣过后，荷兰方面参战的大型船只有两艘被焚毁，两艘被击沉，一艘被俘，其余则负伤逃窜。刘香的50余只海盗船也尽数被毁。

战斗结束后，邹维琏在奏表中向崇祯帝汇报说：

"计生擒夷众一百一十八名，馘斩夷级二十颗，焚夷夹版（板）巨舰五只，夺夷夹版（板）巨舰一只，击破夷贼小舟五十余只，夺盔甲、刀剑、罗经、海图等物皆有籍存。而前后铳死夷尸被夷拖去，未能割级者，累累难数，亦不敢叙。"

（三）

料罗湾海战的胜利让郑芝龙走上了他的人生巅峰。为表彰郑芝龙在海战中的功劳，崇祯帝擢升其为福建副总兵（也有资料说是福建总兵）。

至此，郑芝龙成为福建地方的合法军事首领；再加上他私下里控制的海盗，总兵力已不下20余万，士卒也包括汉人、日本人、朝鲜人、南岛语族、非洲黑人等，拥有大小战船3000余艘，一跃成为华东、华南和东南亚一带最为强大的武装集团。

从此以后，凡是从华东、华南和东南亚水域经过的商船，都要悬挂"郑"字大旗，方能安全通过。当然，这个"郑"字旗也不是谁都能挂的，他们得先向郑芝龙缴纳一定数额的"保护费"。据史料记载："凡海舶不得郑氏令旗者，不能来往。每舶例入三千金，岁入千万计……从此海氛颇息，通贩洋货，内客外商。"

这时，就连曾经飞扬跋扈的荷兰人也不得不与郑芝龙私下签订协议，每年向郑芝龙的船队缴纳12万法郎的进贡，以保证其东印度公司船队在中国东南沿海和东南亚水域的航行安全。

荷兰人败了，刘香失去了靠山，郑芝龙决定乘胜追击，彻底铲除刘香的残余势力。不过，海盗不比正儿八经的舰队，他们没有固定的驻地，抢完就走，来无影去无踪，想彻底剿灭他们也不容易。郑家兄弟领着部队，轮番出战，在海上与刘香周旋了两年多，也没能彻底将其消灭。

转眼到了崇祯八年（1635）。这年正月，农民起义军首领、自称闯王的高迎祥攻破了明朝皇室的故乡凤阳，登基称帝，改元兴武。高迎祥麾下的两名闯将李自成和张献忠也在中原地区攻城略地，四处打击明军。

与此同时，后金政权也在新首领爱新觉罗·皇太极（1592—1643年，1626—1643年在位）的领导下不断向辽东用兵，企图入主中原。

内忧外患的大明王朝已经日薄西山，摇摇欲坠。从全国的形势来看，镇压农民起义军和对抗后金政权的入侵已成为明朝当时的首要任务。不过，福建偏处东南，并没有受到太大的影响，百姓们该怎样生活还是怎样生活，郑芝龙也依然将刘香视为眼中钉、肉中刺，不断出兵袭之。

有一天，郑芝虎风急匆匆地奔入大哥郑芝龙的私邸，大喊道：

"大哥，大哥！"

郑芝龙正在后堂看儿子郑森练字，听到弟弟的声音，不禁皱了皱眉头，向郑森嘀咕道：

"你芝虎叔啊，什么时候都是一副大嗓门。"

在众兄弟当中，郑芝龙和郑芝虎的感情最好。郑芝龙心思缜密，行事果断；郑芝虎武艺高强，勇猛过人。两人正好形成了互补，因此，当时的江湖对这兄弟俩还有"龙智虎勇"的美誉。

12岁的郑森看了看父亲，笑着说道：

"这才符合他'虎勇'的性格嘛！"

郑芝龙也笑了，随后嘱咐儿子道：

"你好好练字，我去前厅看看。"

郑森头也不抬地回答说：

"父亲尽管去处理公事好了，孩儿不会耽误学习的。"

郑芝龙来到前厅，压低声音问道：

"芝虎，什么事情？"

郑芝虎警惕地看了看附近，然后附在郑芝龙的耳边低声说道：

"有探子来报，说发现了刘香的踪迹。"

郑芝虎一听，精神大振，忙问道：

"在哪里？"

郑芝虎回答说：

"虎门（今广东省东莞市虎门镇）。"

郑芝龙略一沉思，随后命令道：

"速去点兵，本总兵要亲自出征。此次定要拿住那贼厮！"

郑芝虎笑道：

"大哥，有仗打可不能忘了我啊！这些天，我在营中都快憋疯了。"

郑芝龙看了看弟弟，

说道："好，那就由你做先锋吧。"

当下，郑芝龙便带着弟弟郑芝虎领兵前往广东虎门方向。大军来到虎门海面，果然见刘香等海盗在那里停泊。郑芝虎不等郑芝龙下令，直入敌阵，厮杀起来。刘香等人毫无防备，被打得溃不成军，慌忙逃窜。

郑芝虎杀得兴起，令水手摇船，直奔刘香的指挥船而去。两船相交，郑芝虎纵身一跃，便跳到了刘香的大船上。他手起刀落，砍死了几名侍卫。刘香见状，急忙令众人扯起一张渔网，抛向郑芝虎。

郑芝虎正在和众人缠斗，没有防备，被网个正着。狗急跳墙的刘香纵身上前，狠狠朝郑芝虎踢了一脚，一下子将其踢入大海。可怜郑芝虎一世勇猛，就这样活活被溺死了。

郑芝龙闻听弟弟的死讯，哀痛万般，几次昏倒在地。众人见主帅的弟弟被杀，个个都争相向前，想去诛杀刘香。双方从早晨打到黄昏，炮声、枪声、刀剑相撞声不绝于耳。海面上到处都是被炸碎的木板、双方士卒的死尸，海水几乎都被染红了。

天渐渐暗了下来，刘香身边已经没有几个人了，败局已定。他望着湛蓝的大海，大声喊道：

"大丈夫死则死矣，但绝不死于敌手。"

说完，刘香弯腰捡起一杆火枪，对着自己的脑袋叩响了扳机……

刘香死后，他的残部见大势已去，或降或逃，停止了抵抗。

郑芝龙命人打捞起弟弟郑芝虎的尸体，一路哭着回到安平。崇祯帝闻知郑芝龙平定了刘香，遂擢升其为福建总兵。郑芝龙领旨谢恩，又为弟弟芝虎请封。郑芝龙都开口了，崇祯帝岂能不答应。不久，朝廷就追赠郑芝虎为总兵，荫了一子。

第六章　清军入关

黄叶古祠里，秋风寒殿开。沉沉松柏老，暝暝鸟飞回。

——郑成功

（一）

刘香死后，东南沿海就彻底成了郑家的天下。郑芝龙也不管什么中原纷争，烽火遍地，只是带着自己的兄弟在福建安享太平，过着锦衣玉食的生活。郑森也在优越的环境中一天天长大。他不仅长得一表人才，读书射猎也样样都出类拔萃。郑芝龙见儿子如此有出息，不禁大喜。

东南沿海地区太平无事，但中原和北方却硝烟四起。崇祯九年（1636），闯王高迎祥战死，各路起义军将领公推李自成为闯王，领导反明大业。

这一年，后金政权也发生了一件大事。皇太极自称为帝，改国号为清，改元崇德，改族名为满洲。这位开明的君主继承和发展了父亲努尔哈赤的事业，对内进行政治改革，逐步建立君主集权制度，积极吸收汉朝文化，大力推行汉化政策，发展了八旗制度；对外统一内蒙，并继续南下伐明。从内外形势来看，明朝的灭亡已成定局。

不过，中原和北方的战事对郑家并没有产生什么影响。崇祯十年（1637）的一天，郑芝龙来到儿子的书房。父子俩闲聊了一会儿，渐渐聊到了儿子的未来。郑芝龙说：

"儿啊，你乃将门之子，又有文韬武略，将来可不能像父亲一样去做海盗啊！"

郑森回答说：

"孩儿如能一直得意，那不用说。如果将来也像父亲那样，不断遭遇挫折，恐怕也要经历海上生涯呢！更何况，现在文贪武嬉，中原多乱，倒不如在海上自立一个王国，也强于伏首就人。"

郑芝龙笑道：

"我儿多虑了。为父从前遭遇挫折，那是没人从旁提携，实在是迫于无奈才去做了海盗。如今有为父在，你还怕不得意吗？"

郑森觉得自己失言了，这才恭敬地回答说：

"父亲教诲的是。"

接下来的几年当中，一切果然如郑芝龙所言，聪明伶俐的郑森样样如意。崇祯十一年（1638），15岁的郑森考取南安县学，中秀才。在县学中，他经、史、子、集样样出类拔萃，深受先生的器重。

崇祯十四年（1641），郑森又奉父母之命与礼部侍郎董先之女董友（又名酉姑）成亲。次年，他们的长子郑经出世。关于郑成功的婚姻和子女状况，史书记载甚少，尚有待史学界进一步研究。

光阴似箭，转眼到了崇祯十七年（1644）初。这一年，闯王李自成建立了大顺政权，建都西京（今陕西省西安市），年号永昌。三月十七日，闯王李自成攻入北京，指挥部队猛攻京城。崇祯帝慌乱不已，除了长吁短叹之外，毫无办法。

第二天晚上，眼看皇城就要被攻破了，崇祯帝忙带着贴身太监王承恩登上煤山（也称万寿山，今北京市景山），远望着城外和彰义门一带的连天烽火，久久无语，只是不断徘徊。

回宫后，崇祯帝写下诏书，命成国公朱纯臣统领诸军和辅助太子朱慈良。而后，他又命周皇后、袁贵妃和3个儿子入宫，让太监将贵妃和皇子们分别送往外戚家避藏，只留下周皇后和袁贵妃。

夫妻三人在宫中面面相觑，泪如雨下。随后，崇祯帝悲痛地对周皇后说：

"你是国母，理应殉国。"

周皇后也哭着说：

"臣妾跟从陛下18年，陛下没有听过臣妾一句话，以致有今日。现在陛下命臣妾死，臣妾怎么敢不死？"

说完，周皇后解带自缢而亡。崇祯帝看着周皇后的尸体，泪如雨下，又转身对袁贵妃说：

"你也随皇后去吧！"

袁贵妃哭着拜别，也自缢而亡。

接着，崇祯帝又召来15岁的长公主，流着泪悲哀地说道：

"你为什么要降生到帝王之家啊！"

长公主早已被吓坏了，只顾着哭。崇祯帝左袖遮脸，右手拔出刀来，忍痛砍断了长公主的左臂。他还想砍断她的右肩，但长公主已经痛得昏倒在地。

随后，这个陷入狂乱之中的皇帝又杀了自己的幼女昭仁公主及几个嫔妃。

绝望的崇祯帝看着满地的尸首，忽然又激起了强烈的求生本能。他匆匆换上便服，混在太监只中逃出东华门，至朝阳门，并假言王太监奉命出城。

但是，守门的人称要到天亮后验明身份再出城。太监夺门又不成，便忙派人到负责城守的戚国公朱纯臣家，朱家人说朱赴宴未归。崇祯帝又赶到安定门，但门闸太沉重，根本无法打开。求生的路被彻底截断了。

十九日破晓，太监王相尧以宣威门投降，李自成的部将刘宗敏率部开入城中。守卫正阳门的兵部尚书张缙彦、朝阳门的朱纯臣等人，也先后开门迎降，北京内城被攻陷。

崇祯帝得知这个消息后，亲自在前殿鸣钟召集百官，可钟声再响也没有召来一人。于是，他与贴身太监王承恩登上了煤山寿皇亭。这里曾是崇祯帝检阅内操之处，可如今却成了他最后看到的世界。

山穷水尽的崇祯帝脱下皇袍，在衣襟上愤然写道：

"朕凉德藐躬，上干天咎，致逆贼直逼京师，皆诸臣误朕。朕死，无面目见祖宗，自去冠冕，以发覆面。任贼分裂，无伤百姓一人。"

写完，崇祯帝便与王承恩相对而缢，死在一棵歪脖子树上。直到两天后，人们才发现这个僵死的国君。

崇祯帝自缢煤山，标志着大明王朝的彻底灭亡。

（二）

李自成打入北京后，清国的摄政王多尔衮（1612—1650年）决定趁机南侵。在此之前，他曾多次致书李自成，招诱农民起义军，要和李自成"协谋同力，并取中原"，但均被李自成拒绝了。

在李自成攻入北京的前夕，清朝重臣范文程觉察到明朝将亡，极力撺掇清廷占领中原。李自成进京15天后，即四月初四，清廷急召在盖州汤泉养病的范文程入盛京（清朝入关前的正式都城，今辽宁省沈阳市），讨论明亡之后的对策。

范文程一一指出了李自成领导的农民起义军在战略、战术上的失误，然后断言道：

"此等军队，可一战破也！我国上下同心，兵甲精炼，声罪以临之，衄其士夫，拯其黎庶，兵以义动，何功不成？"

多尔衮本来就有吞并明朝的野心，听范文程这么一说，他立即集结兵马，涌向中原。在此应特别指出的是，有历史学家指出，多尔衮出兵中原之时并不知道明朝已经灭亡，也不知道他的对手已经变成了李自成。范文程劝谏多尔衮出兵中原的话出自《清史稿》。这部史书是民国在清朝史料的基础上修订的。而清朝的史料已被清朝历代统治者篡改得面目全非了。也就是说，清朝出兵中原的这些记载很可能不符合历史事实。

清军本来打算从西协和中协（今北京市北面及其附近的长城）入关，直捣农民起义军心脏地区。然而，清军于八月中旬行至翁后（今辽宁省阜新市），驻守山海关的明将吴三桂发来了"乞师"之信。

吴三桂，字长伯，辽东人，祖籍高邮（今江苏省高邮市），出身将门，文韬武略，独步当世。天启二年，也就是郑芝龙离开澳门前往日本平户的那一年，吴三桂已经高中武进士了。崇祯年间，他深受崇祯帝的器重，先后任都指挥使、都督同知、总兵、中军府都督等重要职务，镇守山海关，抵御清军。

既然吴三桂是明朝镇守边关的封疆大吏，又怎么会向多尔衮"乞师"呢？

这件事情还要从李自成入京说起。李自成围攻北京城后，远在山海关的吴三桂闻讯大惊，立即率部入京勤王。刚走到半路，吴三桂便获得消息，崇祯帝已死，李自成已经攻入北京了。这位总兵想：

"皇帝都死了，还勤什么王呢？跟谁干不是干，反正我照样当自己的总兵。"

就这样，手握重兵的吴三桂又返回山海关，上表投降了。

李自成以为北方已定，便一边忙着筹备登基大典，一边派明朝降将马科等人去收复四川。此时，原本与李自成身处同一个战壕的张献忠已将四川纳入自己的囊中，和李自成做着同样的事情，都想称帝。不能不说，这是李自成在战略上的一大失误。他对清朝的入侵没有丝毫防备，只想着统一遥远的四川，因此其结局是注定要失败的。

同样，李自成在战术上也犯了一个大错误。吴三桂投降后，他居然派明朝降将唐通带着两万余人去守山海关，而不是派自己的嫡系部队大顺军去镇守如此重要的关口。且不说明朝降军的忠诚度，但就战斗力而言，他们也远远不是清军的对手。

李自成的大顺军还犯了一个错误，那就是拷官追赃。所谓拷官追赃，实际上就是迫害明朝的大臣，没收其家产。这在大顺军中是一个比较普遍的现象，局势甚至有点失控，带头的人是刘宗敏。刘宗敏是与李自成一起出生入死的兄弟。有一次，李自成战败，只带着18人逃到商洛山，其中就有刘宗敏。

俗话说，"共患难易，同富贵难"，此话一点都没错。进入北京后，刘宗敏很快就骄傲自满了。他自恃功高，颇有不甘居于李自成之下的味道。李自成也拿这个跟随自己多年的兄弟没办法。

刘宗敏愈发得意起来，最后竟然将吴三桂的父亲吴襄抓起来暴打了一顿，还强占了吴三桂最宠爱的小妾陈圆圆。这下麻烦可惹大了！

（三）

崇祯十七年三月底，吴三桂将山海关的防务移交给唐通，上京觐见去了。四月初四，吴三桂领着大军抵达永平西沙河驿（今河北省迁安市沙河驿镇），遇到了从京城逃出来的家仆。

家仆一见吴三桂，跪在地上便大哭起来。吴三桂忙问发生了什么事，家仆呜咽着将吴襄被打、陈圆圆被强占之事说了出来。吴三桂听后，勃然大怒，吼道：

"大丈夫不能保一女子，何面目见人耶！"

说完，吴三桂立即取消了进京的行程，回师山海关，打了唐通一个措手不及，重新占了山海关。余怒未消的吴三桂还斩杀了大顺的使臣，然后写了一封与父亲吴襄诀别的信，彻底走上了同李自成生死对抗的道路。

明末清初的著名诗人吴伟业曾就此事写成了一首《圆圆曲》，其中有"痛哭六军皆缟素，冲冠一怒为红颜"之句。此诗流传甚广，也为吴三桂叛变定了性——为了一个女子。风花雪月的红颜故事最能吸引百姓的眼球，但其真实性却颇值得怀疑。

吴三桂投降李自成本来就出于无奈，很容易动摇。再结合他日后反清自立的事实来看，他的性格当中本就有不甘居于人下的成分。也就是说，他的叛变几乎是必然的。父亲吴襄和爱妾陈圆圆的遭遇只不过是他叛变的一个借口罢了。

四月初六，李自成得知吴三桂复叛，雄关复失，急忙将吴襄从牢中释放出来，好酒好菜招待起来。但一切都晚了，吴三桂已经铁了心要与李自成斗争到底。但吴三桂自知力量不够，遂向昔日的敌人清朝借兵，也就是上文中提到的"乞师"。

吴三桂在求援信中这样写道：

> 乞念亡国孤臣忠义之言，速选精兵，直入中协、西协，三桂自率所部，合兵以抵都门，灭流寇于宫廷，示大义于中国，则我朝之报北朝者，岂惟财帛？将裂地以酬，不敢食言。

客观地讲，吴三桂的"乞师"信中并无投降之意。他只不过是以重利相许，请兵助剿罢了。但形势很快就发生了变化。

李自成见吴三桂复反，当即决定亲率大军征剿。四月十三日，李自成亲率6万大军，带着崇祯的3个儿子，即太子朱慈烺及永王、定王，还有吴三桂的父亲吴襄，浩浩荡荡向山海关进发了。

李自成虽然带了大军出征，但对吴三桂依然存有幻想。他想：

"大家都是汉人，一家人，有什么话不能坐下来好好谈呢？"

他完全没想到，吴三桂此时已经向清兵求援了。精明的吴三桂见大顺军大举来攻，一边火速遣使去催清军来援，一边遣使去迎接李自成。这个"迎接"其实就是诈降，目的是为了延缓大顺军的进军时间。

　　李自成果然中计，前后花了8天时间才抵达山海关。要知道，北京到山海关之间仅仅350千米，正常行军只需四五天即可。

　　战场上的情况瞬息万变，晚一天就可能导致满盘皆输，更何况李自成晚到了三四天呢！事实证明，正是这三四天的时间，改变了中国的历史走向。

　　四月二十一日凌晨，李自成率部抵达山海关。他正准备遣使叫吴三桂出来迎接，突然发现吴军已经列阵迎战了。

　　李自成这才如梦方醒，原来吴三桂是诈降！李自成大怒，立即部署主力于石河西向吴三桂进行正面进攻，并派唐通率部从九门口出关，绕到关外，到一片石立营，以防吴三桂东逃。

　　大顺军和吴军在山海关展开了激战。两军从日出杀到日中，又从日中杀到傍晚，直杀得天地变色，鬼哭神泣。

　　傍晚时分，吴三桂抵挡不住了，渐现败退之势。大顺军虽未攻入山海关，但已占据上风，如果继续打下去的话，吴三桂必败无疑。

（四）

　　吴三桂急得团团转，再这样打下去，自己必败无疑。怎么办呢？

　　恰在这时，吴军见唐通所部阵中大乱，大批清兵骑兵杀到了。原来，多尔衮接到吴三桂的求援信后，立即改变行军方向，朝山海关而去。这可是千载难逢的好机会啊！中原两大军事集团火拼，必然两败俱伤。到那时，清军进入中原就如入无人之境了。

　　多尔衮很聪明，他故意让部队放慢行军速度，以拖延救援时间。他好像知道吴三桂会给他发第二封求援信似的。果然，在李自成攻打山海关的前一天，多尔衮接到了吴三桂送来的第二封求援信。这一次，吴三桂迫于大顺军的压力，直截了当向多尔衮提出，请他火速到山海关援助自己。

多尔衮大喜，这次总算师出有名了。他立即命令骑兵部队轻装前进，"救援"吴三桂。善于野战的清军一个昼夜便疾驰100多千米，终于在四月二十一日傍晚到达山海关外，出其不意地出现在大顺军唐通所部的背后，轻松败之。

多尔衮素来谨慎。他知道，吴三桂和李自成再怎么打，都是汉人自己的事情。而他多尔衮是满洲人，属于外族，不能轻易入关。万一吴三桂和李自成突然不打了，两人合起伙来，于清军不利。

因此，多尔衮不愿领兵入关，只驻扎在关外四五里远的欢喜岭，并严令"披甲戒严，夜半移阵"。

吴三桂倒真是一片诚心，他三番五次地遣使去请多尔衮入关，但多尔衮就是不进。这让吴三桂非常焦急。

第二天一大早，吴三桂亲自率部去见多尔衮，求其入关。双方一番交涉，多尔衮感受到了吴三桂的诚意，疑虑大减。据《谀闻续笔》记载，吴三桂与多尔衮口头约定道：

"从吾言，两家并力击贼。吾取北京后，将其拱手送归你。如果不听我的建议，大家都只有等死的份。"

吴三桂的话并非虚言，清军擅长野战，而不善攻城战。如果李自成的大顺军攻下山海关，清军未必是这支农民军的对手。

精明的多尔衮怎么会不明白这个道理呢？不费一兵一卒就能入关的机会可不是经常有的。于是，他问吴三桂：

"你有什么要求？"

吴三桂回答说：

"毋伤百姓，毋犯陵寝。访东宫及二王所在，立之南京，黄河为界，通南北好。"

多尔衮大喜，立即答应了这一协议。

随后，多尔衮也提出一项要求，即吴军将士必须要剃发。表面上看，这是为了便于战场上同大顺军相区别，实际上则是诱降。由于时间紧迫，吴三桂只得令士卒在肩膀上系块白布作为分辨，他自己则当场剃了发，等于是投降了清军。

清吴联军的抗顺统一战线正式形成了，吴三桂也成为清军手中的一颗棋子。从此之后，吴三桂就再也无法掌握自己的命运了，历史也不会按照他的设计来发展了。清军一旦越过长城，他吴三桂哪里还有能力左右局势呢？

四月二十二日，李自成指挥大顺军在石河西红瓦店一带与吴军展开殊死搏斗。双方苦战大半日，吴军渐渐不支，大顺军也已筋疲力尽。

就在此时，多尔衮突然领兵杀出。吴军再度振作，与清军合力共战。大顺军虽然英勇拼搏，顽强抵抗，但大势已去，再也无法挽回败局了。李自成策马而走，刘宗敏中箭身负重伤，全军溃败而逃，清吴联军乘胜追击20多千米。

山海关一战正式拉开了满洲人入主中原的道路。随后，他们轻松占领了山海关，又轻松进入了北京城，而吴三桂也因此背上了民族叛徒的罪名！

第七章　文武全才

碑帖空埋地，社阶尽杂苔。此地到人少，尘世尚堪哀。

——郑成功

（一）

明朝灭亡和清军入关为远在福建的郑氏家族提供了一次独揽乾坤的机会。清军入关后，散落各地的朱姓皇室及明朝旧臣个个义愤填膺，准备重新收拾旧河山，恢复大明的天下。郑芝龙与、芝凤、芝豹等郑家兄弟也不例外。一天，郑芝龙对儿子郑森说：

"如今国家多难，生灵涂炭，不知何时才能休啊！"

郑森大声说道：

"俗话说，乱世出英雄。此刻正是男儿立业之秋，父亲何不把船队收拾起来，速速赶往南京呢？"

南京是明朝的正式首都。明成祖朱棣于永乐十九年（1421）迁都北京，但仍然保留着南京的都城地位，即留都。南京和京师一样，设六部、都察院、通政司、五军都督府、翰林院、国子监等机构，官员的级别也和京师相同。北京所在府为顺天府，南京所在府为应天府，合称为二京府。

如今，北京已经在清军的控制之下，南京自然成了明朝的政治和军事中心。守在留都南京的一些文臣武将决计拥立朱家王室的藩王，重建明朝，然后挥师北上，恢复故土。

但明朝的藩王众多，到底该拥立谁为皇帝呢？在这件事情上，文武大臣又发生了分歧。

按照兄终弟及的顺序，皇帝的第一人选应为福王朱由崧。但南京兵部尚书、参赞机务史可法主张拥立桂王朱常瀛，钱谦益等东林党人则以立贤为名拥潞王朱常淓。朝中重臣在这件事情上争论不休，弄得一帮中下层文臣武将无所适从。

郑芝龙见儿子见识不凡，当下便回答道：

"既然如此，你索性和为父一起去南京好了。"

随后，郑芝龙禀过巡抚，收拾了几十艘船只，带着郑芝凤、郑芝豹、郑森和族人郑彩、郑联等，一并从海路往南京而去。此时，郑家三兄弟当中已有两名高官。郑芝龙贵为一省总兵，手握数万水师；郑芝凤也贵为锦衣卫都指挥使。

和兄长郑芝龙不同的是，郑芝凤的这个都指挥使完全是通过科举考试得来的。崇祯初年，郑芝凤考取武举人，改名鸿逵，字曰渐，又字圣仪，号羽公。崇祯十三年（1640），郑鸿逵考取武进士，被擢升为锦衣卫都挥使。

郑芝龙带着家人扬帆北上，抵达苏州地界时，听说清军已经攻破北京了，河北、山东等地已全部落入清朝之手，大顺皇帝李自成兵败西走。

郑芝龙犹豫了，怎么办呢？明廷两面受敌，一边要和李自成的农民起义军周旋，一边还要抵抗清军的入侵，简直没有生存的机会了。再说，朝中重臣争吵不休，连个皇帝都没有立起来，由谁领导光复大业呢？

就在此时，福王朱由崧在卢九德的帮助下，获得了江北四镇高杰、黄得功、刘良佐和刘泽清，以及中都凤阳总督马士英的支持，于五月初三在南京就任监国之位。

郑森闻讯后，立即对父亲说：

"父亲不用担忧，孩儿想北京此刻无主，倒不如前往南京。此刻福王监国，他那里必定缺人。我们到那里再相机行事。如果福王可辅，我们就劝他登基为新君也无不可。"

郑芝龙略一沉思，点头称是。

几天后，郑芝龙一行抵达南京，见过史可法等人，然后觐见福王后，退了出来。

郑芝龙私下问史可法：

"朝臣争嚷不休，这大位之事可曾定下来？"

史可法无可奈何地回答说：

"他们已属意于福王，只怕就是他了。"

五月十五日，福王朱由崧即皇帝位，改次年为弘光，是为明安宗，亦称弘光帝。历史上的南明时代开始了。

朱由崧即位后，拜史可法为礼部尚书兼东阁大学士，时称"史阁部"。但这位股肱之臣根本无法掌握朝廷的核心权力。拥立朱由崧即位有功的马士英被拜为东阁大学士兼都察院右都御史，仍督凤阳等处军务。因此，朝中的一切事务皆由马士英及阮大铖等人决断。

（二）

弘光帝之朝大抵是各派妥协的结果，可以认为是明朝旧臣们的联合救国政府。但是，弘光帝却缺乏救国图存的意愿和本领。他昏庸腐朽，追逐声色，任用非人，即位后竟置国事于不问。明末清初著名的大诗人、崇祯朝榜眼的吴伟业在《鹿樵纪闻》中说道：

"福王拱手听之（指马士英、阮大铖），深居禁中，惟以演杂剧，饮火酒，淫幼女为乐。民间称之曰老神仙，……内旨召乞儿多捕虾蟆（江南称蟾蜍为虾蟆）为房中药，故时人又称虾蟆天子。"

弘光帝设刘泽清、刘良佐、高杰、黄得功四人镇守江北；以史可法为兵部尚书，督师扬州，抵御清军南侵。郑家兄弟也因拥立有功，个个都得了封爵。其中，郑芝龙被封为南安伯，仍领福建总兵，镇守东南；郑鸿逵被封为定虏伯，领镇江总兵，镇守京口（今江苏省镇江市京口区）。

22岁的郑森也留在了南京，因为他此时已经以第一名的成绩考入了南京国子监太学，拜当时的著名学者钱谦益为师，学习儒家经典。郑森不但在文学上出类拔萃，武艺也独步一时。钱谦益喜其才华横溢，称赞他说：

"此人英雄，非他人能比。"

不久，钱谦益为郑森取字"大木"，寓意他日必为国家栋梁之才。此后，国子监的太学生均称郑森为"大木"。从此，郑森也丢开了一切武事，连时势也不大过问了，每日只是研究史书和兵法，想做万人敌。

然而时事艰难，正当郑森读书读得津津有味时，明清战场已经南移到江北。郑森虽然不大去理会它，但太学生们已逃走大半。老师钱谦益也忙着参谋军事，没有太多心思教授他攻读学问。

清顺治二年（南明弘光元年，1645年）三月，清军攻入陕西，李自成率大顺军退入湖北。随后，多尔衮将军事重心东移，命多铎移师南征。南明的文武大臣们不想着如何抵御清军和大顺军，反而再次陷入激烈的党争之中。

与此同时，历史上著名的太子案爆发了。崇祯十七年末，南明鸿胪寺少卿高梦箕的奴仆穆虎从北方南下，途中遇到一位少年，因此结伴而行。晚上就寝时，穆虎发现少年的内衣织有龙纹，惊问其身份，少年自称是皇太子朱慈烺。

弘光帝闻知此事后，立即派太监李继周将太子朱慈烺接到南京。据说，朱慈烺见到李继周时，第一句话就问：

"迎我进京，是要将皇位让给我做吗？"

李继周摇了摇头，回答说：

"这样的大事岂是老奴所能知晓的！"

三月初一，朱慈烺来到南京，被交付锦衣卫冯可宗处看管。弘光帝派了两个曾在北京禁宫当差的太监去辨认真伪。两人一见到朱慈烺就抱头大哭，还脱下自己的衣服给朱慈烺穿上。

弘光帝闻讯勃然大怒，斥骂道：

"混账东西，真假未辨，你们就行如此大礼！"

说完，弘光帝命人将两个太监拉出去斩了，同时将李继周也杀了。

随后，弘光帝又召见群臣，说道：

"有一黄发稚子自言是先帝的太子。如果他真是先帝之子，即朕之子，当抚养优恤，不令失所。"

弘光帝此番言论立刻在激起了群臣的小声议论。按照明朝的祖制，如果太子是真的，弘光帝就必须将皇位让出去。但他的皇位来之不易，就这样把皇位让出去，弘光帝实在心有不甘。

于是，弘光帝便令群臣同往审视朱慈烺，看他究竟是真是假。不过，群臣都已揣知皇帝的心思，审视的结果已定，即无论真假，太子的身份都必须是假的。

原总督京营太监卢九德等人来到朱慈烺居处，对其审视良久，不发一言。朱慈烺见状大怒，喝道：

"卢九德，你见我怎能不下跪叩头？"

卢九德慌乱不已，不由自主地跪下叩头，群臣也跟着跪了下去。

退出来之后，卢九德立即去见弘光帝。弘光帝忙问：

"太子是真是假？"

卢九德回答说：

"有些相像，却认不真。"

弘光帝这才稍稍放了心。

不久，此事便被驻守武昌的左良玉知道了。他立即以"清君侧，除马阮"为名，顺长江东下，企图协助太子朱慈烺夺回南明政权。

马士英闻讯后，不顾正在南下的清军，竟命史可法尽撤江防之兵以防左良玉。史可法无奈，只得兼程入援，率部抵达南京燕子矶，以致江淮防务空虚，让清军钻了空子。

史可法指挥江北四镇的守军和左良玉打了一月有余，最后左良玉被黄得功所败，呕血而死，其部尽数降清。此时，清军已经攻陷徐州（今江苏省徐州市）、泗州（今安徽省泗县），迫降了盱眙（今江苏省盱眙县），兵锋直指扬州。

史可法又立即回师扬州，抵御清军入侵，但一切都晚了。五月初十，清豫亲王多铎兵围扬州，史可法传檄诸镇发兵援救。但刘泽清等人却没有发兵来援，扬州守军兵力薄弱，岌岌可危。

多尔衮向史可法劝降，但史可法致《复多尔衮书》拒绝投降。五月二十四日，清军以红衣大炮猛攻扬州。史可法率部顽强抵抗，杀伤大量清兵。

入夜，扬州城破，史可法欲自刎殉国，被众将拦住，拥至城楼下。史可法大呼道：

"我史督师也！"

多铎听到喊声，亲自前来劝降。史可法凛然道：

"城亡与亡，我意已决，即碎尸万段，甘之如饴，但扬城百万生灵不可杀戮！"

多铎见史可法之志不可侵，遂命杀之以全其节。但多铎并没有听从史可法的嘱咐。城破之后，他立即命士卒屠城十日，以泄胸中之恨，因为围攻扬州城的清军伤亡颇大。

这场惨绝人寰的大屠杀一直持续了十余日，约有80万人惨遭杀害，史称"扬州十日"。

（三）

闻知清军已攻占扬州，终日在深宫中淫乐的弘光帝方寸大乱。他顾不上通知其他人，就带着马士英和少数宦官仓皇出逃，辗转来到芜湖。

此时，芜湖守将正是拥立有功的江北四镇之一黄得功。此时，黄得功对扬州的变故尚一无所知。当他知道弘光帝是张皇失措、弃都而来时，内心不胜感慨。愚忠的黄得功认为，在危难之时，皇帝能够想到自己，这是天大的面子。因此他决定：无论如何都要保全弘光帝，除非自己死了。

皇帝逃跑了，留守南京的文武官员立时乱成一团。郑森见满城都乱哄哄的，便知道是清军要打过来了。不过，他并不知道弘光帝逃难芜湖之事。郑森天真地想：

"我只是一个太学生，战事自有朝廷应付，我只管读我的书罢了！"

然而，书还是读不成了。清军攻占扬州后不久，郑芝龙就给郑森写了一封信，催他回福建。理由很简单，他的母亲田川氏从日本回到了安平。

说起来，这件事情还要感谢弘光帝。郑芝龙被封为"安南伯"，田川氏也自然得有个封号。在名号上，弘光帝很大方，他索性给田川氏一个"国夫人"的封号。

田川氏贵为明朝的"国夫人"，日本德川幕府自然不能不同意让她前往中国了。田川氏来到中国后，遂按照其养父翁翌皇之姓，改姓汉姓翁。

郑森闻知此讯，喜得合不拢嘴。他日盼夜盼，盼了13年，终于将母亲盼回来了。郑森急忙收拾行李，带着一帮家仆赶往福建。

南京城内一片混乱，百姓们趁机冲入监狱，将被折磨得奄奄一息的太子救了出来，并要拥其登上皇位。

这里所救出来的"太子"，指的是一个名叫王之明的人，而王之明极有可能就是崇祯帝的太子朱慈烺。弘光朝的太子案爆发后，南京百姓纷纷要求弘光帝退位，让太子登基称帝。弘光帝只好指使亲信严刑审讯太子，以判断真假。结果可想而知，这个太子必须是假的。于是，主审官便胡乱给太子取了个名字：王之明。其实，有心人一眼就能看出，"王之明"三个字倒过来读就是"明之王"。

不过，这个王之明究竟是不是朱慈烺，至今仍存有争议。王之明被拥立为帝后，仅仅在皇位上呆了5天。5天后，即五月十五日，大臣赵之龙、王锋、钱谦益等献南京城投降。黄得功的部将田雄、马得功等人见大势已去，便策谋向清军投降。

多铎进入南京城后问的第一件事就是太子的真假。有人告诉他说，根本就没有太子，是一个名叫王之明的人冒充的。多铎笑着说：

"你们真愚蠢！如果他承认自己是真太子，朱由崧早把他杀了。"

一名降臣趁机说道：

"是啊，太子本不承认自己是冒充的，都是马士英的安排。"

多铎连连点头，并骂道：

"奸臣，奸臣！"

据说，这个王之明后来被清军不明不白地杀掉了。

五月二十二日，田雄、马得功突然发动兵变。毫无防备的黄得功被暗箭射中，随即自刎而死。田雄、马得功又活捉了弘光帝，准备献给清军邀功。据郑达的《野史无文》记载，田雄背着弘光帝，马得功则在后面紧紧抱着他的双脚，生怕这个活宝贝飞掉！

弘光帝朱由崧痛哭流涕，不断哀求：

"看在我们一场君臣的份上，你们就饶了我吧！"

田雄、马得功丝毫不为所动。绝望的弘光帝恨得咬住田雄的脖子，致使田雄血流满衣。随后，弘光帝便被清军经由南京押解到北京去了。

据说，囚车在经过南京时，"百姓夹道唾骂，甚有投瓦砾者"。次年五月，这位南明天子在北京被加以"谋为不轨"的罪名后，凌迟处死，年仅40岁。

由于当时的通讯极为落后，正在前往福建途中的郑森并不知道南京已在清军的掌控之下，更不知道弘光帝已被清军所俘。他一路舟车劳顿，终于在十几日后赶到福州。当时，郑芝龙正领军驻守在福州。

郑森来不及休息，就急忙赶到军营去见父亲。郑芝龙见到儿子，问的第一句话就是：

"南京已被清兵破了，你晓得不晓得？"

郑森大惊道：

"孩儿不晓得啊！我只听得京口被攻破了。原本以为有三叔（指郑鸿逵）镇守，必不要紧，没想到连京城也破了！"

郑芝龙叹了口气，说道：

"你三叔和杨文骢都扎营在南岸，清军驻扎在北岸。清人每夜都把竹篾放在水中，遍插灯火来试阵。因夜太黑，你三叔难辨真假，见火时便发炮，只以为清军再不敢来了。谁知道清军竟然乘着大雾，在黑暗中悄悄渡江了。你三叔一时不防，被他杀败，恐怕不日也要回来了。"

杨文骢是马士英的妹夫，万历年间的进士，曾当过几任小官。弘光元年，杨文骢因马士英的关系被擢升为右佥都御史，随同郑鸿逵一起驻守江口。

郑森听完父亲的话，喃喃说道：

"三叔和杨御史也太大意了些！"

郑芝龙斥责道：

"不得胡言！京城破了，皇上只怕要吃亏啊！"

据说，郑成功初到台湾时，部分高山族同胞对其怀有戒心。一个高山族首领便令4名年轻女子分别捧着金、银、草和土，试探他的来意。郑成功会意，只收下了草和土。高山族同胞大喜，从此都死心塌地地跟着"国姓爷"。

第八章　隆武赏识

春风得意马蹄轻，满目青归细柳营。横槊赋诗曹孟德，词锋先夺镇江城。

——郑成功

（一）

郑芝龙父子正在谈论前线的事，一个家人进来报告：

"三爷已回来，到南台（南台岛，即今福建省福州市仓山区）外面了，只怕一会儿就要进来。小的也是听人说的。"

郑芝龙听了，略一沉思，对儿子说：

"你带着几个人出去迎接你三叔吧。"

郑森随即带了两个家人和20名卫兵，往南台去接郑鸿逵一行去了。郑芝龙把营房收拾了几间，专备郑鸿逵回来住宿，自己依然住在中军大帐。

傍晚时分，郑森火急火燎地回来了。郑芝龙忙问：

"你三叔回来了吗？"

郑森没有回答，只是向众人使了个眼色。众人会意，纷纷退了出去。郑森走到父亲旁边，压低声音说：

"三叔已经回来了。原来这回清兵不是从京口渡江的，是从天宁洲

（今江苏省仪征市沿江一带）渡江的，所以南京不守。听说皇上此刻已被囚在清营，三叔只得同户部侍郎何楷、户部郎中苏观生等，奉唐王命到福建来，想在这里正大位。"

郑芝龙听了，不解地问：

"到底怎么回事？"

郑森回答说：

"三叔说，他在镇江兵败后取道杭州，返回福建，恰巧遇到唐王。他便与户部侍郎何凯等人一起护卫唐王来到福建。"

郑芝龙这才恍然大悟，连连说：

"原来是这样。"

唐王朱聿键是明太祖朱元璋的九世孙，于崇祯五年（1632）袭封唐王。明末农民大起义爆发后，唐王朱聿键曾向朝廷要求借调3000名人马前去镇压。但崇祯帝害怕藩王趁机叛乱，没有同意。

救国心切的朱聿键手中没有队伍，竟然自行在南阳（今河南省南阳市）招兵数千，与农民起义军作战。结果朱聿键不仅被起义军打得大败，还被朝廷抓去治了罪，因为他违反了国法，擅自招兵。崇祯帝将朱聿键贬为庶人，囚居于凤阳。

福王朱由崧在南京称帝后，释放了朱聿键，但又怕他跟自己争夺帝位，便命其迁居广西平乐府（今广西省桂林市南）。清军攻占扬州后，朱聿键辗转来到杭州，想要招兵买马救国，但终因顾虑太多没能施行。

郑鸿逵兵败镇江后，取道杭州返回福建，恰巧遇到了彷徨无助的唐王，于是便将其带到福建，准备拥立唐王为帝。

郑鸿逵等人不知道，弘光帝南逃后，除了王之明的南京政权，已经有好几个藩王宣布监国了。如杭州的潞王朱常淓、抚州（今江西省抚州市）的益王朱慈炲、桂林的靖江王朱亨嘉等，几乎都在同时宣布建立监国政权。但他们的政权与王之明的南京政权一样，都是昙花一现，几天后就宣告灭亡了。因此，这才有了唐王福州称帝一事。

郑森见父亲若有所思，忙提醒道：

"唐王此刻已经到了，今夜准备在营中歇息。三叔说，还得父亲安排住处。营房一样便好，不必另找上等的房子。"

郑芝龙受宠若惊地回答说：

"那我这就去安排。"

当夜，唐王、郑鸿逵等人便在郑芝龙的营中歇下了。

第二天一早，众人便把时任福建巡抚的张肯堂请来。一番寒暄之后，郑芝龙开门见山地说：

"今天相请，非为别事，因南京失守，有几个遗臣来到这里，所以请大人来一见。"

张肯堂忙道：

"如此甚好。请问都有哪些人呢？"

郑芝龙便把逃亡官员的姓名和官职一一说了，又命人去请。不一会儿，众人便来到中军大帐，和张肯堂相见。张肯堂问了些南京的信息，众人一一回答了。

张肯堂听罢，叹息道：

"不想我大明朝如此多灾多难！"

郑鸿逵在一旁趁机说道：

"昊天不吊，国家多难，社稷无主。老大人宿受国恩，心忠王室，不晓得有何高见，救生灵于涂炭，挽社稷于将亡吗？"

张肯堂又叹了口气，缓缓说道：

"兄弟世受国恩，岂不知报？但此责重任大，不说兄弟一人难为，即使有人相助，然而社稷无主，政归何人？"

郑芝龙听后，在一旁插话道：

"现在最重要的是拥立一位有名望的宗室监国，以维系天下人心。"

张肯堂说：

"就是这话了。"

众人纷纷附和道：

"但南京新破，诸王逃散，到哪去找宗室监国呢？"

郑鸿逵这才开口说道：

"老大人既然愿意相助，小弟不敢不告其实。小弟从杭州来时，正遇唐王避难，小弟将其请来这里。如今老大人肯助，真是社稷之幸了。"

（二）

张肯堂不等郑鸿逵说完，便急忙问道：

"唐王已经来福建了吗？此刻在哪里？郑总兵快快领我们去拜见千岁爷吧！"

当下，郑芝龙、郑鸿逵兄弟领着众人来到唐王安歇的营房外，恭敬地说：

"臣郑芝龙等求见千岁！"

营房里传来一阵悉悉索索的穿衣声。过了一会儿，一个小太监走出来，对众人道：

"千岁有请。"

众人一齐走进营房，向上深深一躬。只见一个白白净净的男子立起身，向众人微微示意，便坐了下来，然后缓缓说道：

"诸位大人快请坐！"

众人谢坐，然后依照官职的高低坐下了。张肯堂先请了不迎王之罪。唐王谕慰了一番，再说些社稷不幸、皇室颠沛的话，不觉凄然泪下。众人也跟着伤心了一回。

郑芝龙见众人只顾着伤心，便率先开口道：

"今日之事，再无可言，只有请唐王暂监国政，以维系人心。诸臣不才，当共努力，以复太祖高皇帝之天下。"

众人这才恍然大悟道：

"是啊，是啊，这才是当务之急。"

随后，福建巡抚张肯堂、巡按御史吴春枝、礼部尚书黄道周、安南伯郑芝龙、定虏伯郑鸿逵等人，拥立唐王朱聿键为监国。

清顺治二年闰六月十五，唐王即位福州，建元为隆武，设六部九卿，在福州上下游各设四府。大量兵马集中在福州为总策应，以谋求反攻，收复明朝故国。

郑家兄弟因拥立有功，均得了封赏。郑芝龙被封为平虏侯，郑鸿逵改封定虏侯，郑芝豹被封为南安伯。不久，隆武帝又改封郑芝龙为平国公，改封鸿逵作定国公。凡朝中一切兵马大事，皆命二人掌管，甚至连隆武帝都得恭恭敬敬地尊他们一声"太师"。此时的郑芝龙，也逐渐居功自傲起来，将军政大权全部揽入自己手中。

朱聿键在福州即帝位的第十三天后，即闰六月二十八日，鲁王朱以海监国于绍兴，控制了浙东绍兴、宁波、温州、台州等地，拥有浙中义师及原明总兵方国安、王之仁部，且凭借钱塘江天险，曾汇兵合攻杭州。

由此，南明内部出现了两个政权并存的局面，自然也不可避免地出现了关于皇权正统的争斗。

实事求是地说，鲁王朱以海昏庸无道，只想着和隆武帝争夺皇位，几乎没有任何建树。而隆武帝则生活简朴，一心勤于中兴政务；凡有章奏批答，都亲自动手，不借助于阁臣。如果他生在太平盛世，很可能是一位贤明的君王。但不幸的是，他生活在明末清初的乱世，手中兵马也不足以和清兵抗衡，只能走向灭亡的命运。

不过，从某种意义上说，隆武帝的失败却成就了郑森，即日后的郑成功。八月十七日，隆武帝即位刚满两个月，郑芝龙便将儿子郑森推荐给隆武帝。此时的郑森不但广交名士，还亲眼目睹了亡国的巨变，经历了险恶的政治风云，在各方面更加成熟了。

但隆武帝最初接见郑森并非因为这些，而是因为朝中兵马几乎全在郑家手中，他不得不倚重郑芝龙一家。郑森觐见隆武帝后，与其就政局国势侃侃而谈，并提出了"知人善用，招携怀远，练武备、足粮贮，决壅蔽，扫门户"的见解，让隆武帝深深折服。

隆武帝发现这个世家公子非一般纨绔子弟可比。谈话结束时，他对郑森说道：

"惜无一女配卿，卿当忠吾家，勿相忘也！"

皇帝愿意将自己的女儿许给他人做妻子，这可是封建社会的最高荣誉了。为了表示对郑森的器重，隆武帝又将当朝最尊崇的朱姓赐给他，并将其原名"森"改为"成功"。从这时起，郑森的名字便成了朱成功。但这朱姓是皇上所赐，又表示荣宠，是不可以随便用的，因此朝廷内外都称郑成功为国姓，普通百姓或他的下级便称他为国姓爷。

隆武帝还封郑成功为忠孝伯、招讨大将军，统领禁军（实际上是空言，隆武帝根本没有禁军可领），赐尚方宝剑，在礼仪规格上与附马相同。自此，郑成功逐渐走上了一条与其父郑芝龙截然不同的道路，成为一位"逆子忠臣"的典范。

（三）

隆武帝的励精图治引起了清朝统治集团的注意。实际上，隆武帝不大可能实现明朝的中兴。且不说他兵微将寡，根本无力与清朝的虎狼之师抗衡，其朝廷内部也是矛盾重重。一方面，隆武政权和鲁王监国政权纷争不断；另一方面，拥兵自重的郑芝龙也没有北向抗清、恢复明国的意思。

郑芝龙出身海盗，虽然贵为明朝的一省总兵，但依然一身的江湖习气，不思保家卫国，只想着挟天子以令诸侯，独霸一方。据说，郑芝龙秉政数月，便为自己的部队增置了500余所田庄和仓库。

文武官员一再要求隆武帝整军北伐，毫无办法的隆武帝只好一再催促郑芝龙。然而，郑芝龙却一再以粮饷不足为借口，迟迟不肯发兵，甚至连郑鸿逵和郑成功叔侄俩都对郑芝龙产生了不满。有一段时间，郑鸿逵甚至想出家为僧，不再过问军中之事。

此时，清廷正集中兵力围攻占据浙江一带的南明鲁王监国政权，对南明隆武政权则采取了征抚兼施的方法。清廷命江南经略、内院洪承畴招抚江南，御史黄熙胤招抚福建。洪承畴和黄熙胤均为明朝降将，而且跟郑芝龙是同乡。很显然，清廷做出这样的安排旨在招降郑芝龙。据说，郑芝龙和黄熙胤还是多年的老朋友。就是凭借这层关系，黄熙胤十分顺利地进入了郑芝龙的军营，两人所谈的内容无外乎都是投降清军的好处。

清末学者陈默峰在其小说《海外扶余》中，就以史笔记载了两人的谈话内容。黄熙胤来到郑芝龙的军营后，两人密谈了一天。到了晚上，郑芝龙又邀黄熙胤同塌而眠。两人谈了些闲话，郑芝龙便问道：

"你白天所说的要降时包你身上，这话怎么讲？"

黄熙胤笑道：

"有什么讲？你要降，包我手里罢了。你要降吗？"

郑芝龙忙道：

"没有。不过听你话说得蹊跷，道你有什么门路罢了。"

黄熙胤缓缓说道：

"实话对你说，我此刻闲着无事，也要想图个出身。你若肯写一封投诚的信给我，再给我些银两，我肯定能给你找到门路。"

郑芝龙听了这话，默不作声。他想：

"我本是海盗出身，后来受了朝廷的招安，才得了总兵的位子。眼下清军节节南下，朱聿键已是垂死之人，我难道要守着他去死，自寻苦吃吗？"

想到这里，郑芝龙向黄熙胤点了点头，又问道：

"我倒可以照办，只是你能肩此重任吗？"

黄熙胤打包票说：

"这件事只管包在我身上便是了。"

郑芝龙连连点头称是，随即写了投诚的信，交给黄熙胤。第二天，郑芝龙便安排人将黄熙胤送走了。

郑成功闻知此事后，急忙将父亲叫到密室，问道：

"父亲，黄熙胤此来何为？"

郑芝龙支支吾吾地回答说：

"没什么。他是为父的一个老朋友，不过叙叙旧而已。"

郑成功叹了口气，顿足道：

"父亲被他骗了。这厮大概是清廷派来的奸细。"

郑芝龙沉思了片晌，说道：

"这倒不至于，我们是多年的老朋友了。再说，眼下明廷摇摇欲坠，清廷犹如东山之日，正蒸蒸日上呢！"

郑成功一听父亲这话，忙劝道：

"父亲怎么不想想大明给了我们郑家多少好处？我们怎么能降敌呢？"

郑芝龙听了儿子的话，羞愧地说：

"据你说也只错在于降，和黄熙胤无关，怎么能说父亲被他骗了呢？"

郑成功道：

"父亲既然晓知如此，不妨想想看，如今想反悔还来得及吗？"

郑芝龙想了想，回答说：

"有何不可？大不了，为父派人把黄熙胤追来便是了。"

郑成功双手一摊，无可奈何地说：

"到哪里去追？只怕父亲的投诚书此刻已经在清廷手上了。黄熙胤既然来诱降，清廷难道会不派人接应吗？如果父亲想要反悔，敌人将您的投诚书张扬起来，甚至发到福州，即使皇上宽典不罪父亲，父亲又有何颜面立于朝中？"

郑芝龙被儿子的一席话说得哑口无言。只是，他投降清廷的决心反倒因此而更加坚定起来了。反正已经没了退路，投降或许还能保住一方霸主的地位。否则，等待他的只有一死。

第九章 父子离心

清气荡胸臆，心旷山无言。行行过草庐，瞻仰古人园。

——郑成功

（一）

郑成功一心想劝父亲回心转意，共同辅佐隆武帝，以图中兴。无奈郑芝龙铁了心要降，郑成功毫无对策，只好去找他的三叔郑鸿逵，说知此事。

郑鸿逵一听，大惊道：

"这可如何使得，我明天再带你去劝他吧！"

第二天，郑成功便和三叔郑鸿逵去劝说郑芝龙。但两人费劲口舌，也未能说动他，只好悻悻而回。郑成功心中忧闷，便来到隆武帝宫中。自登基以来，隆武帝一直很郁闷。他想实现大明王朝的中兴，但手中却没有丝毫权力，只是空有一个皇帝的名号。

郑成功来到宫中时，隆武帝正凝眉沉思。郑成功向隆武帝行了礼，问道：

"万岁爷为何愁眉不展？"

隆武帝叹了口气，说道：

"朕空有复国之志，却无复国之力，甚感悲切，因此愁眉不展。"

郑成功想到父亲即将投降清廷，又看看眼前这位可怜的皇帝，不觉悲从中来，放声大哭起来。隆武帝也不能自已，幽幽地流着泪。

过了半晌，隆武帝问道：

"汝能从我行乎？"

郑成功透过朦胧的泪眼看了看隆武帝，回答说："臣从陛下行，有什么不能的？只不过，臣随陛下行又能怎样呢？臣愿捐躯别图，以报陛下。成功此头此血，已许陛下！"

过了些时日，隆武帝召集群臣商议北伐之策，郑芝龙又回复说：

"臣启陛下，招兵容易，但粮饷艰难。此刻粮草空虚，无从发给。容臣筹有粮饷，再议出兵，也免得日后半路为难。未知陛下圣意如何？"

隆武帝一听，颇感不满地反问道：

"到底多久才能筹集粮饷呢？朕问过几次，你为何每次都以粮饷为辞？"

郑芝龙虽然手握大权，但隆武帝毕竟是皇帝，不能不给他面子。他只得装出一副惶恐的样子，回奏道：

"从今日起，臣就设法从速筹措。"

隆武帝道：

"既然如此，卿等且退吧，从速为妙。"

又过了几日，隆武帝在朝上又问起北伐之事，郑芝龙索性回答说：

"并非臣怠慢，实系粮饷无出。臣虽然筹了一点，但远远不够，不知如何是好？"

这时，时任大学士的黄道周出班奏道：

"臣启陛下，如果郑芝龙忠心为国，何难以忠义鼓动人心，岂一定要等饷齐？如饷一日不齐，一日不出兵；那一年不齐，一年不出兵；十年不齐，十年不出兵吗？这岂非芝龙怠玩国事？望陛下从严切责他。"

郑芝龙望了黄道周一眼，揶揄道：

"臣才实不如道周，望陛下处臣以应得之罪，就派道周出兵，以忠义鼓励人心吧。"

黄道周遂奏道：

"郑芝龙既不肯出兵，臣愿往江西募兵，为陛下效力。"

隆武帝一听，大喜道：

"卿肯如此，社稷有幸了。"

七月，黄道周辞别隆武帝，带着几个亲随往江西而去。黄道周竖起忠义大旗，得到不少百姓的响应，募得兵马9000余人，与清军周旋。

十一月十四日，隆武帝又下诏亲征，命唐王、邓王监国，首辅何吾驺随营，命曾樱、郑芝龙留守，负责转饷；命郑鸿逵为御营左先锋，出浙江；郑彩为御营右先锋，出江西。郑芝龙为避免招来众人不满，便分给郑鸿逵、郑彩各数千人，号称数万，从帝出征。

（二）

郑鸿逵、郑彩领兵前往仙霞关（今浙江省江山市保安乡南仙霞岭上，地当福建、浙江、江西三省交界处），没想到的是，郑鸿逵和郑彩见清军势力强大，尚未抵达仙霞关，便以等待补给为由，驻足不前了。

十二月初六，隆武帝从福京（即福州，因隆武政权建都福州，故称福京）出发，准备取道江西，收复南京，继而北上。但郑鸿逵和郑彩的驻足不前直接导致隆武帝的此次御驾亲征不了了之。

铁了心要投降清廷的郑芝龙不但自己不思北上抗清，还阻挠其他人出关迎敌。十二月中旬，黄道周在婺源（今江西省婺源县）与清军遭遇，兵败被俘。不久，黄道周被押解至南京，终因不肯降清而被杀。

隆武帝闻讯后，悲痛不已。恰在此时，翰林大学士兼兵部尚书、湖广总督何腾蛟遣人入朝，希望隆武帝能移驾江西，以便和湖南往来救应，共图北伐大业。何腾蛟手中的兵力不比郑芝龙少，对南明又是忠心耿耿，从理论上讲，他应该比郑芝龙可靠。于是，隆武帝产生了移驾江西的想法，便派苏观生往江西招兵，叫曾樱和郑芝龙留守福建。

顺治三年（南明隆武二年，1646年），清军征南大将军多罗贝勒博洛指挥大军围攻占据浙江的南明鲁王监国政权，同时加强了对郑芝龙的诱降工作。

三月初六，隆武帝从建宁府（今福建省建瓯市）登舟，顺流而进，驶往延平（今福建省南平市延平区）。三月十一日，隆武帝的龙舟抵达延平，立即遭到了郑芝龙的阻挠。

原来，郑芝龙为了达到挟天子以令诸侯的目的，不愿让隆武帝离开福建。隆武帝无奈，只好把延平官署改作行宫，停了下来。从此之后，隆武帝就彻底被郑芝龙控制了。

不久，清军加强了对南明的进攻。五月初，清军进逼赣州，南明滇粤诸军都不敢应战，纷纷溃逃躲避。六月，清军攻灭浙东的鲁王监国政权，兵锋直指仙霞关。郑芝龙见隆武政权大势已去，便和郑鸿逵商议，准备投降清廷。

郑鸿逵不肯，郑成功也痛哭谏阻。郑芝龙无奈，只好暂止，但却托言有海盗入侵，将仙霞岭一带的兵马撤了回来。几日后，清军不费一兵一卒，顺利通过仙霞关，直逼福建各地。停驻在延平的隆武帝听说仙霞关失守，赶忙移驾汀州（今福建省长汀县）。

清军马快，隆武帝的车驾刚到汀州城外，清军已经追上来了。隆武帝慌忙带着皇后和忠诚伯周之藩等人躲入关帝庙。清兵在门前厉声呼喝：

"朱聿键出来！"

"再不出来，我们就要进攻了！"

周之藩见清军追索甚急，便轻声对隆武帝说：

"皇上快带皇后从后门进城吧，臣出去挡一挡。"

不待隆武帝阻止，周之藩已经跳出庙门，高喝道：

"我就是隆武帝。"

清军万箭齐发，周之藩身中数箭而亡。隆武帝趁机带着皇后从后门逃入汀州城内。

清军前锋统领努山命令几百个兵士穿上明军服装，打着明军旗号，直奔城门。汀州守军以为是败退下来的明军，结果打开城门，让清军一拥而入，俘获了隆武帝。不久，隆武帝便被押往福州，绝食而死。也有记载说，隆武帝是被清军乱箭射死或自刎而死的。

郑芝龙闻知隆武帝已死，清军又步步紧逼，慌忙写了一封降表，递交到清廷征南大将军多罗贝勒博洛手中。贝勒博洛许诺让他掌管闽粤总督大印。

郑成功和郑鸿逵多次劝阻，希望能让郑芝龙回心转意。但郑芝龙毫不理会，他认为大丈夫应当识时务，知天时时势。明朝以长江天堑，再加上数万兵力守备，都没能挡住清军的进攻，偏安一隅的福建如何能与清军抗衡呢？

郑成功伤心不已，对父亲的行为充满不满甚至愤怒。郑鸿逵担心哥哥会挟持自己和郑成功一起投降，慌忙带着郑成功逃往金门，暂时躲了起来。

（三）

十一月十五日，一心想当闽广总督的郑芝龙带着500名护卫赴福州会见贝勒博洛。临行前，他给郑成功写了一封信，约其同行。郑成功看到信后，勃然大怒，在回信中斥责道：

"从来父教子忠，没听说父亲教儿子投降的。现在父亲不听儿子的忠告，决意投降，已无法挽救了。将来倘有不测，做儿子的只有缟素报仇而已。"

让郑芝龙没想到的是，他到福州后不久，就被挟去北京面君了。郑芝龙大惊，对贝勒博洛说：

"北上面君本来是芝龙所愿，但子弟多有不肖，现在还拥兵海上，倘若我有不测，怎么办？"

贝勒博洛明白，郑芝龙言下之意是：郑成功、郑鸿逵等人还拥兵海上，清廷不能杀他。否则，郑成功和郑鸿逵就会挥兵杀来。因此，贝勒博洛回答说：

"他们闹事与你无关，也不是我所顾虑的。"

郑芝龙被挟持到北京，虽然被清廷授予精骑呢哈番之职，实际上却是俘虏。只不过，清廷碍于郑成功和郑鸿逵拥兵海上的事实，尚不敢杀他。

郑芝龙降清后，郑成功理所当然地成了郑氏武装的新首领。郑成功在金门召集郑鸿逵、郑芝豹等家人和重要将领，问道：

"现在事情发展到这个地步，该如何是好？"

郑鸿逵回答说：

"依我看，投降固然不可行，但孤立也不妙，最好能夺回大势。即使不能马上成功，也要先夺一个地方才好。你不晓得，此刻福建各处都已被清人拿去了！"

郑成功默默点了点头，缓缓说道：

"我们暂且在这里过一段日子，同时叫人到各地方去结集遗臣，另图大举。但是，我们在这里倒是可以，东石村怎么办？我们又要顾此地的大局，不能够回去，怎么样好？"

东石村是郑氏的祖宅所在地，包括翁氏在内的家眷都住在那里。

郑鸿逵沉思了半响，说道：

"那边似乎还不要紧。"

郑成功反问道：

"清兵到处虏掠，东石村如何能避免呢？何况有我们在这里，清军恐怕更加不会放过村中父老了。"

这时，郑芝豹在一旁说道：

"大哥既然降了清人，难道连家也不顾了？清军应该不会骚扰东石村的。"

众人也都点头称是。

郑成功无奈，只得罢了，但心中总觉得郁郁不乐。

果然几天后，两位东石村的老人浮海而来，慌慌张张地找到郑成功，啜泣道：

"少爷还不知道吗？家中已经被乱兵抢了！"

郑成功忙问：

"老太太呢？"

两位老人抹了抹眼泪，低声回答说：

"老太太已经归天了。"

郑成功大惊，忙又问道：

"老太太身体一向康健，怎么会突然归天了呢？"

老人回答说：

"家中遭乱，老太太不堪其辱，自尽归天了。"

郑成功一听，"哇"的一声大哭起来了。此刻，他对父亲仅有的一点敬意也消失殆尽了。如果不是父亲郑芝龙投降了清军，他早就派人到村中接母亲了。那样，母亲又怎么会死呢？

（四）

郑成功不知道，他的父亲郑芝龙此时已是自身难保，哪里还顾得上家眷呢？隆武帝驾崩后，攻占了汀州的清兵便分路进扑泉州府。石井村的百姓闻讯，人人危惧，怕遭到清军的屠戮，因此纷纷携老扶幼逃往他乡。

翁氏也想带着家仆逃往他乡，无奈家大业大，细软太多，带着难行；就是带了出去，不遇到清兵，遇到乱民也不得了；要埋起来，又怕被掘了去。翁氏想了几天，始终想不出办法。

恰在此时，刚刚投降清廷的郑芝龙写来了一封家信，嘱咐说：

"不要害怕，我很快就会回来的。"

翁氏这才稍稍安心。没想到，清军当晚就占了泉州。翁氏忙吩咐家人收拾细软等值钱物品，忙活了一夜，装了好几十箱东西。到了天明，她又命家仆到海上把船开来，将细软装到港口，准备随时入海。

翁氏等人没想到的是，他们还没上船，清军就进村了。他们见到值钱的东西就抢，抢不走的就统统烧掉；见到年轻貌美的女子也抢走，壮年男子则全部杀掉，老人和孩子都驱散了。

翁氏虽然被尊称为"老太太"，其实也不过是40岁出头的少妇。几个清军士卒见她长得貌美，也不管她是什么高官家眷，强行将其抢了去。翁氏十分贞烈，不堪忍受清军的侮辱，当晚便趁人不注意时，自缢而亡。

郑成功听完两位老人的叙述，痛哭失声，几度昏厥。众人慌忙将其救起，扶到舱里安歇。过了半晌，郑成功醒转过来，咬牙切齿地发誓道：

"杀母之仇，不共戴天。我若不报，有何颜面立于天地间！"

随后，郑成功将三叔郑鸿逵、四叔郑芝豹等人叫到舱内，沉痛地说：

"两位叔叔先去联络旧部，到南澳会合，我先回石井村把家事料理一下。"

郑成功当即派人到石井村去打探消息，自己则乘船紧随其后。第二天一早，前哨来报：

"清军已经撤退，只是村子已经不复存在，全被烧掉了。"

郑成功含泪来到废墟边上，问侥幸活下来的家仆：

"老太太的灵柩放在哪里？"

家仆回答说：

"贼人未退时放在船上。到贼退时，我们家中剩下残屋几间，小人便将老妇人放在那里了。"

郑成功跪在残屋前，膝行而入，对着母亲的灵柩磕头不止，家人们好不容易才将他劝住。郑成功仰头叹道：

"我们郑氏家世清白，父亲不幸被贼人黄熙胤骗去，也无足惜，无论如何都不能让我的母亲含恨地下。"

说完，郑成功召集幸存的家仆，吩咐众人去准备上等棺木、上等衣物和几盆清水。第二天早晨，郑成功又命众人撬开棺木，取出翁氏的遗体。他向身边的一个日本医士点了点头，医士便上前将翁氏的衣物除掉，将遗体搬入盆中细心洗净。

然后，那日本医士用日语问郑成功：

"国姓爷，真的要按日本的法子做吗？"

"一定要如此，我不能让母亲带着不洁的身体下葬。"郑成功坚决地说。

日本医士点了点头，随后取出倭刀，向翁氏腹上一划，将其肚皮裂开，将肚肠取出，放入盆中一一洗洁，然后再重新放入腹中，再用药线缝好，将翁氏遗体再次仿佛棺木之中。郑成功又痛哭了一场，然后命家人在附近山上挑了一块地风水宝地，将母亲葬了。

郑成功想着昔日的种种，又看看眼前的情景，不觉悲从中来，痛不欲生。国家的危难、百姓的痛苦、父亲的投降、慈母的惨死，这一切都令他心肺欲裂，复仇的怒火一下子燃烧起来。现实让他清晰地认识到，要救国，要恢复明朝的江山，光靠读书和清谈是不行的，唯有起兵杀敌一条路可走。

想到这里，郑成功带着自己穿戴过的儒巾蓝衫，来到文庙，要在这里与至圣先师孔子告别。文庙是纪念和祭祀孔子的祠庙，每个读书人都要在此朝拜先师孔子。当年，郑成功考中南安县学为廪生时，就曾在这里拜领儒服。

郑成功恭恭敬敬地向孔子像行了大礼，然后泣不成声地说道：

"昔为儒生，今为孤臣，向背去留，各有所用，请先师谅鉴。"

说罢，郑成功亲手点火烧毁了带来的儒服，然后换上铠甲，佩上宝剑，义无反顾地转身而去。从此之后，郑成功便走上了一条抗清复明的武装斗争之路。后世为纪念郑成功，就将他曾焚烧过儒服、投笔从戎的文庙改称为"焚衣亭"。"焚衣亭"至今犹在，其左有一座石坊，坊边有一株苍老的古松，相传为郑成功焚衣时所植。

台湾南投县有一个地方名叫草屯镇。据说，这个地名也和郑成功有关。有一次，郑成功驻军于此，士卒丢弃的旧草鞋成墩，遂被称之为"草鞋墩"。后来，以讹传讹，此地便被唤作"草屯"了。

第十章　勇举义旗

缟素临江誓灭胡，雄狮十万气吞吴。试看天堑投鞭渡，不信中原不姓朱。

——郑成功

（一）

郑成功葬了母亲后，便乘船往南澳而去。驻守南澳的是郑芝龙的旧部，主要将领有参将陈大猷、游击黄克功、守备苏茂、千总章琳和黄梧等人。不久，郑成功便会合了三叔郑鸿逵、四叔郑芝豹，三人一起来到南澳。镇中各将士听说郑鸿逵、郑成功到了，都慌忙出来迎接。郑成功大喜，一一安抚众将，仍令他们驻守南澳，作为抗清的基地。

顺治三年（南明隆武二年）末，郑成功虽然做了大量的努力，但福建的抗清力量仍处于一盘散沙的状态。这主要是因为他的影响力尚小，根本无法形成强大的凝聚力。当时的情况是：郑鸿逵驻守金门，建国公郑彩和其弟定远侯郑联占据厦门，郑成功实际控制的地区只有金门岛对面的安平、围头湾，厦门岛西南的鼓浪屿、海澄、镇海卫，以及金门西南的烈屿等地。

需特别指出的是：郑彩、郑联兄弟虽是郑芝龙的旧部，但此时只能算是郑成功的友军，而非部下。隆武帝殉难后，郑彩兄弟迎鲁王朱以海入闽，退守厦门岛，分别被封为建国公和定远侯。也就是说，郑彩兄弟虽然是南明将领，但和奉隆武帝为正统的郑成功已经不是一路人了。

郑成功明白，唯有竖起反清复明的大旗，方能成就大业。因此这年的十二月初一，他在烈屿召开文武群臣大会，誓师重振大明江山。他自称"忠孝伯招讨大将军罪臣国姓"，广散家财，招兵买马。

郑成功扯起"杀父报国"的旗帜，参加大会的将士无不感动，纷纷响应。郑鸿逵上前道：

"贤侄有报国之志，着实让人欣慰。叔父虽然不才，愿联络郑家旧部，尽归贤侄指挥。"

郑成功感激地望了望三叔郑鸿逵，朗声说道：

"多谢三叔支持侄儿！"

"杀父报国"这个大义灭亲的口号迅速将福建的抗清力量统一起来。郑鸿逵、郑彩、郑联等虽然拥兵一方，但也渐渐向郑成功靠拢了。

安平县附近的青壮年听说国姓爷在招兵买马，也都纷纷前来参军。不几日，郑成功便收拢了数百余人，再加上郑鸿逵、郑彩手中的兵力，已达数万。

但要想光复大明的江山，这点兵力是远远不够的。郑成功又派人四处设立"集贤馆"，召集江湖义士，共商抗清大计。各地的有志之士听说国姓爷设立了"集贤馆"，都纷纷远途跋涉，前来投奔。

当时，泉州西门外的潘山村有一座长约十丈的石桥，凌驾于东溪之上，名曰招贤桥。据说，郑成功曾命心腹将领张进在此处竖起一面招兵的旗帜。张进命人在桥头摆了一张方桌，上面放置一把宝剑、一碗清水、一支蜡烛、一副火刀和一块火石。

张进派两个亲兵守候在那里，并命令士兵：只要看见有人过来动方桌上的东西，就立即向他报告。开始的两天，从桥上经过的人看到这般情景，都不知是何用意，只是好奇地看看就过去了。

第三天中午，一个挑鱼的大汉飞快地向石桥走来。当他来到桥中央，看见桥头那边正飘着一面招兵旗帜，便将鱼倒下桥去，跑到桌子边。他看了看桌上的东西，又看了看招兵的旗帜，拿起宝剑就将桌上盛满清水的碗打得粉碎。然后，他又拿起火刀、火石，熟练地将那蜡烛点燃。

守在一旁的士卒见状，慌忙跑去向张进报告。张进一听，急忙赶来，向大汉问道：

"请问壮士尊姓大名？"

大汉恭敬地回答说：

"小民陈发。"

张进又问：

"壮士以剑击水，以火燃烛，不知有何用意？"

陈发答道：

"宝剑击碎清水，以喻'反清'；火石点燃蜡烛，以喻'复明'。小人愿跟随国姓爷，以尽微薄之力。"

在陈发的带动之下，跟随陈发一起干活的小伙子们都纷纷放下手中的活计，投到郑成功的军中。很快，在潘山地区就出现了一幕幕长辈送儿、妻子送郎参军的动人场面。

这个故事在潘山一带广为流传，招贤桥也由此声名大振。还有版本说，这个陈发就是陈永华，也就是很多武侠小说中描写的武功独步天下的天地会总舵主陈近南。但这个说法并不可信，因为当时的陈永华只不过是个十五六岁的少年。

（二）

经过一番苦心经营，郑成功手中的亲兵已达数千人，其中包括李启轩、甘辉、沈佺期、陈豹、李景林、洪旭、洪政、杨潢等。如此一来，郑成功反对内外敌人的伟大事业也奠定了坚实的基础。

顺治四年（南明隆武三年，1647年）初，郑成功命洪政、陈辉为左右先锋，杨才、张进为亲丁镇，敦泰、余宽为左右护卫镇，准备扩充地盘。

清军进入福建后，逐步蚕食南明军控制的土地，海澄也一度成为两军争夺的热门地区。由于郑成功刚刚起兵，兵微将寡，海澄很快就被清军占领了。

郑成功闻讯大怒，立即遣使联合郑彩、郑联兄弟，准备收复海澄。四月，郑成功率部从烈屿出发，郑彩兄弟从厦门岛出击，迅速攻到九都（今福建省南安市九都镇）。

但后续的行动变得艰难起来，一是因为郑成功第一次领军出征，缺乏经验，有很多方面没有考虑到，计划不周；二是清军兵强马壮，掌握着战役的主动权，又有大量可以调动的援兵。结果，左先锋洪政在战斗中中流矢受重伤，监军杨潢阵亡。郑成功还想再战，但看到士卒们的狼狈样子，不得不下令退兵。

郑鸿逵听说郑成功出师不利，急忙给他写了一封信。郑鸿逵在信中说：

> 清军势大，而贤侄一无立足之地，二无后援，一旦清军集中优势兵力来攻的话，后果不堪设想。莫若火速回军，我领军相助，两军合力攻下泉州，以为贤侄的安身之地。然后养兵蓄锐，攻打清军之不备。

郑成功觉得叔父的话很有道理，于是当即回兵安平，一边休整部队，一边和郑鸿逵商议攻取泉州的计划。

清廷派驻泉州的是福建提督赵国祚。赵国祚为汉军镶红旗人，从黑龙江一路打到江南，建功不少。或许是一路打得太顺利了，他并没有将郑成功放在眼里。他以为，郑成功年轻无能，其部下也不过是一群海盗而已，一战可平，不足为虑！

七月二十二日，郑成功与郑鸿逵亲率兵将，屯兵于泉州城涂门外的桃花山，作进攻打泉州城的部署，两军兵力共约万余人。

八月初，赵国祚率骑兵500人，步兵1500人，分两队前往桃花山迎战。一队人马从涂门出发，一队人马从东门出发，直冲郑成功营垒而来。

郑成功见清兵杀来，便令洪政、陈新两员大将迎战。战斗从早晨一直打到中午，双方相互冲突相拒，未见胜负。

午后，两军继续鏖战。郑鸿逵见不能立时取胜，便命部将林顺迂回到清军侧翼，突然杀出。清军大败，企图逃回泉州城。不料，郑成功早已派部将余宽迂回到清军的背后，截住了清军的归路。赵国祚率部奋力拼杀，好不容易才杀出一条血路，逃回泉州城。

郑成功趁势挥兵掩杀，一直追到城墙下才鸣金收兵。次日，郑成功叔侄俩合力攻打泉州，清军溜石寨参军解应龙立即出兵救援。郑成功背后受敌，不得不分兵应对解应龙，不能全力攻城，激战一天无果。

当晚，郑成功便和郑鸿逵商议说：

"解应龙驻守溜石寨，与泉州城成犄角之势，此城难攻。明日，三叔督兵攻城，解应龙必然来援，侄儿遣水师一阵，由桑一筹同陈辉暗袭其寨；另遣郭新、余宽暗伏其寨中途，待其回救，齐起夹攻，必然能擒住他。"

郑鸿逵点头称是，认为此计可行。

第三天，郑鸿逵领兵猛攻泉州城。赵国祚见城外到处都是郑军的旗帜，心下大惊，急忙向解应龙呼救。解应龙果然率兵来援助。桑一筹、陈辉见状，趁机领兵杀向溜石寨，猛攻不已。解应龙刚刚赶到泉州城，就接到探子的报告，称郑军正在攻打山溜石寨。

解应龙大惊，慌忙回师救应。刚到半路，郭新、余宽的伏兵突然杀出，截住清军，厮杀起来，解应龙死战不退。

这时，郑成功又令已经攻下溜石寨的桑一筹、陈辉与郭新、余宽合兵一处，将解应龙围起来。不一会儿，解应龙便战死于乱军之中，其部也归降了郑成功。

（三）

解应龙死后，郑成功立即率部赶往泉州城，支援郑鸿逵作战。两军合兵一处，声威大震。赵国祚这才意识到，郑成功所部根本不是什么乌合之众，简直就是清军八旗兵的克星。他一边命令部队加强防守，一边遣人向清军漳州守将王进等人求援。

王进绰号"王老虎"，有万人不挡之勇，而且此人还精通兵法，在指挥上也颇有可圈可点之处。他听说泉州被围，立即向福建总兵杨佑（亦归赵国祚统辖）说明"唇亡齿寒"的道理，准备派兵救援。

杨佑虽然答应了王进的请求，但又担心驻守厦门的郑彩趁机攻打漳州，只给了王进1500名人马。但这已经让王进很高兴了，他立即率骑兵500人、步兵1000人，分三队驰援泉州。

王进和部将们商议说：

"救兵如救火，但漳州与泉州之间尚有一段路程，只怕我等赶到时，泉州已下。届时，郑军以得胜之兵占据城池，我等恐怕要吃亏。"

总领旗赵英和左哨千总杨得功等人道：

"如何是好，一切但凭大人吩咐。"

王进略一沉思，吩咐道：

"安平是郑氏的老巢，莫若进军此处。到那时，郑军定会回救，泉州之围便可解了。"

众人纷纷点头称是。

于是，王进令赵英、杨德功会同安营协防游击廉郎，另一路人马径直朝安平方向而去；他亲自率领一路人马，会合潮州援兵，前往泉州；右哨千总李玉和游击祁光秋则领一路人马作为预备队，伺机而动。

郑成功闻知王进令人攻打安平，心下大惊，慌忙去和三叔郑鸿逵商议对策。郑鸿逵说：

"安平乃是我郑家的根据地，不能有任何闪失，贤侄还是速速分兵去援救为好。"

郑成功当即拨出一支军马回守安平,王进闻讯大喜,立即命杨得功等人率少量人马制造进攻安平的假象,他则与赵英合兵一处,悄悄前出南安,突到泉州城下。郑成功手下的大将洪政见王进突然杀到,惊慌失措,勉强与其厮杀一阵,败下阵来。

赵国祚在城墙上远远望见王进的旗号,知道救兵已到,便命士兵在城上四面呐喊,以壮声威。郑鸿逵闻知洪政兵败,以为清军大队人马已到,不敢再战,急忙退回金门(一说退往广东揭阳),只留下了郑成功的一支孤军。郑成功审时度势,也退回安平。而王进进入泉州城后,担心郑军知道真相后反攻,便谢绝赵国祚的挽留,率军急忙返回漳州。

两天后,郑成功方才得知,王进进攻安平是假,因此勃然大怒,立即遣将去追。但王进的人马此时早已回到漳州,根本追不上了。

应指出的是,南明军队在泉州之役中作战还是很勇敢的,但由于缺乏统一指挥,各部之间没有有效的协同,所获战果并不大。如果郑鸿逵不临阵退缩,如果郑彩兄弟能在此时佯攻漳州,泉州之役的结果将会大不一样。但历史就是历史,没有如果。

泉州之役虽然没能实现预定目标,但不可否认的是,这次战役对提升郑成功的知名度起到了很大的作用。他在桃花山把清军打得落花流水,在福建百姓心中产生了巨大影响。明朝原浙江巡抚卢若腾、进士叶翼云、举人陈鼎(陈永华之父)、武艺精熟的蓝登、通晓谋略的施琅及其弟显等人,在此时都先后投奔了郑成功。

但是,郑芝龙的旧部施琅曾随郑芝龙降清,帮助清军平定了广东顺德、东莞、三水、新宁诸县。郑成功曾多次招降施琅,施琅均不从。直到泉州之役后,施琅才逃离清营,投奔郑成功。

第十一章　控制厦门

闲来涉林趣，信步渡古原。松柏夹道许，瞻盼无尘喧。

——郑成功

（一）

光阴似箭，转眼就到了清顺治四年（南明隆武三年）岁末。一天，隆武朝的大学士路振飞、曾缨入见郑成功，禀告说：

"大将军，我等辛苦艰难，都为着明朝的宗社。先帝虽崩，这大任却都寄我们身上。此刻天下杂乱，人心不一，眼下已到岁末，我等何不把隆武四年的历日造好，颁发各处，一则显得明朝未亡，二则也使人有所归向，不知您意下如何？"

郑成功略一沉思，回答说：

"两位大学士所言极是。无奈郑某军务缠身，无暇顾及此事，不如就托付给两位老先生办理吧。"

路振飞等人领命而出，率领着五官正、阴阳生、天文生等人员推测去了。几天后，他们就将宪书草好，用文渊阁的印印了出来，颁行各处。

路振飞等忙着推算日历，郑成功便全心筹备军事。他召集众将，商议取同安之策。众将议论纷纷，有的说现今兵力薄弱，不宜取同安；有的说同安不取，安平难守。郑成功好不耐烦，只好遣散众将，独自思索对策。

一天，郑成功正在军中静坐，崇祯朝光禄寺卿陈士京叩门求见。弘光朝灭亡后，陈士京随鲁王朱以海举义抗清，被授兵部职方司主事之职。顺治四年，郑彩、郑联兄弟迎鲁王至厦门，陈士京遂与郑成功联络，希望能统一南明各支抗清武装。郑成功很欣赏陈士京，将其待为上宾。

郑成功闻听陈士京来见，慌忙起身迎接。寒暄过后，陈士京开门见山地说：

"自古道：'国一日不可无君'，大将军劬劳皇室，忠心可贯日月，但终久如何呢？"

郑成功叹道：

"郑某也不能顾及许多，只好凭寸心做事罢了。"

陈士京道：

"不然。不论君在否，大将军都能凭一片忠心行事，着实让人钦佩。但人心不齐，哪能都像大将军一样呢？若没有依靠，叫人无所指望，如何肯出力呢？"

郑成功沉思片刻，说道：

"道理是这样，但究竟该怎么办呢？阁下是否有主意，是要拥戴谁吗？"

陈士京惶恐地说：

"不才何德何能，哪敢有这样的想法？此刻天下大势已是如此，所要紧的是同心合力。先帝（指隆武帝）在日，和监国鲁王不睦，所以大将军不愿奉鲁王，这也罢了。但永历即位于肇庆（今广东省肇庆市），如今已是二年；鲁王监国于台州，如今也有四年。大将军不能叫二王合一，却另外替先帝立国，虽是为先帝起见，然其如天下大计何？"

郑成功叹道：

"难啊！阁下之言虽然不差，但一则此地的文武都是先帝的老臣，难强以奉他主；二则郑某也是以奉先帝之名召人，此刻能以另奉他主啊！"

陈士京道：

"大将军所顾虑的固然有道理，但若依愚见，没有什么不能挽回的。此地文武虽是先帝老臣，但若劝以大义大势，恐怕也不会有人反对。至于大将军起事，虽是奉先帝之名，但究其根本，还是为了光复大明江山。此刻如果能和二王合一，士卒也不会有二心的。"

郑成功觉得陈士京说得有理，忙问道：

"依阁下意思，宜和哪一王合呢？"

陈士京回答说：

"最好的结果当然是三处合一。如果不能，还是和永历帝合得好。一则，永历帝已正大位，布告天下；二则鲁王和先帝也不和，有点难合。大将军以为如何？"

郑成功当即点头称善，随后送走了陈士京。

几天后，郑成功便请路振飞、曾樱等一班文武大臣和陈士京前来，一起商谈朝见永历帝之事。众人觉得有理，也都愿意。郑成功大喜，当即写了一封奏折，命陈士京领着一帮人去肇庆朝见永历帝去了。

南明怎么又突然冒出一个永历帝呢？

这件事情还得从隆武帝驾崩之事说起。隆武帝驾崩后，南明又出现了两个政权。顺治三年（南明隆武二年）十月初十（一说十月十四），明两广总督丁魁楚、广西巡抚瞿式耜等人在肇庆拥立桂王朱由榔，称监国。十一月初二，大学士苏观生、隆武辅臣何吾驺等人于广州拥立隆武帝的弟弟朱聿鐭为帝，改元绍武。16天后，即十一月十八，桂王朱由榔在肇庆称帝，改元永历。

这样一来，就造成了南明三个政权（实际上是两个）并立的局面。鲁王监国政权虽已灭亡，但鲁王仍在，且手中还有郑彩、郑联兄弟的数万大军。永历帝和绍武帝两个政权又近在咫尺，难免发生纷争。好在绍武政权仅存在了41天便灭亡了。十二月十五，清军李成栋部攻入广州，绍武帝朱聿鐭等皆死。此后，永历帝迅速得到明朝遗臣的承认（但仍有争议），成为南明的正统。

（二）

　　陈士京到肇庆觐见永历帝去后，郑成功也加紧了进攻同安的军事部署。顺治五年（南明永历二年，1648年）闰三月，郑成功率部进攻同安。驻守同安的清军将领是游击祁光秋和协防游击廉郎。这两个人都是清军的骁将，作战勇猛。他们闻知郑成功大举来攻，立即集合步兵、骑兵和九都的乡勇，前往店头山迎战。

　　郑成功派勇将甘辉第一个出战。甘辉是海澄县人，父母早丧，家贫如洗，他为人重义任侠，好打抱不平，因此遭族长迫害，流浪于漳州、石码、海澄等地。郑成功起兵反清，甘辉遂投入郑成功军帐之中，以骁勇善战驰名行伍间。后世的文学作品往往将甘辉奉为郑成功身边的五虎上将之一。民间传说还认为，甘辉是反清复明的民间组织天地会五祖之一。由此可见，甘辉之勇的确独步一时。

　　甘辉领命出战后，纵马上前，大喝道道：

　　"甘辉在此，谁敢出战？"

　　清军阵中也跃出一名彪形大汉，大喝道：

　　"休得狂妄，待王爷爷来教训你！"

　　廉郎在背后大声嘱咐道：

　　"王守备小心，这贼厮颇有些手段！"

　　原来，迎战甘辉的乃是守备王廷。王廷大笑道：

　　"游击请放心，王某定斩此贼……"

　　王廷的话还没有说完，两马相交，他便已跌落马下，一命呜呼了。直到甘辉回马阵中，举起手中的钢刀，众人才看清，那上面沾满了鲜血。

清军士卒见甘辉如此勇猛，个个心惊胆寒，哪里还肯奋力向前。祁光秋、廉郎和清廷同安知县张效龄也吓得浑身打颤。廉郎心中暗惊道："这哪里是人啊？简直就是地狱放出招魂的恶鬼！"

郑成功见清军后阵一片混乱，当即将令旗一挥，驱兵掩杀过去。清军大败，匆忙退入城中。当晚，祈秋光、廉郎、张效龄等人化装成百姓，打开西门逃走了。

拂晓，城中百姓开城门迎接郑军入城。郑成功发布安民令，并禁止士卒骚扰百姓。随后，他又命叶翼云为同安知县，劝说百姓追征粮饷，以助军需；命陈鼎为县学教谕，传告在学诸生，起义勤王。

清廷福建提督赵国祚闻知郑军攻克同安，心下大惊，立即飞报福建总督转奏朝廷。郑成功仅仅攻占了同安县城，赵国祚就将朝廷上表，是不是有些小题大做了呢？完全不是这样。他在泉州之役中和郑成功接触过，知道郑成功和他的反清之志绝不是攻占同安那么简单，他的目标是全国。

顺治帝也慌了手脚，立即遣佟鼐、李率泰、陈锦三人督师攻打同安。郑军同安将领丘缙等得到清军攻击同安的报告后，马上与叶翼云、陈鼎商议防守的策略。叶翼云和陈鼎均表示：当前除了死守待援之外，别无他法。

不日，佟鼐率大军攻打同安。叶翼云等人领军固守，等待郑成功的大军来援。当时，郑成功正在铜山整顿船只，训练士卒。他接到同安方面的急报后，立即率领水师回救。不料，天公不作美，行军途中突然刮起了北风，舟船行驶艰难。郑成功心急如焚，用了5天才抵达金门。

就在郑成功行军途中，清军攻克了同安。八月十六日，丘缙、林壮猷、金作裕等将领在和清军进行巷战时力竭而死；叶翼云、陈鼎两名文官被俘，从容而死。

在此次战役中，同安百姓给了郑军极大的支持，清军也为此付出了惨重的代价。丧心病狂的佟鼐大怒，下令尽屠城中百姓。一时间，同安城里尸堆如山，血流成河。

刚刚抵达金门的郑成功闻知这一消息，不禁失声痛哭。他设坛遥祭阵亡将士和被杀的军官、百姓，三军无不为之动情感愤，发誓定报此仇。

郑军不能再北上，于是移师安平、铜山一带，不时出击，以疲劳战术骚扰附近的清军。

十月，陈士京从肇庆返回，带来了永历帝的诏书。为表彰郑成功忠君为国之举，永历帝特封郑成功为威远侯。郑成功大喜，从此便改称永历年号。

清顺治六年（南明永历三年，1649年）七月，永历帝遣使再封郑成功为广平公（一说延平公）。

（三）

几年来，郑成功以安平为据点，游战各处，并陆续收复了漳浦、云霄和广东潮州等沿海地区，给清军造成了很大的压力。据《清史稿·郑成功列传》记载：

"（顺治）六年，成功遣其将施琅等陷漳浦（今福建省漳浦县），下云霄镇（今福建省云霄县），进次诏安（今福建省诏安县）。"

另外还记载：

"（顺治）七年（南明永历四年，1650年），成功攻潮州；总兵王邦俊御战，成功败走。攻碣石寨（今广东省陆丰市碣石镇），不克；施琅出降。"

《清史稿》是站在清廷的角度修撰的，"施琅出降"的意思是说：郑成功的部将施琅这时再次投降清廷。这对郑成功来说，无异于一次沉重的打击。要知道，施琅是他手下最年轻、最善战的骁将。不过，让郑成功欣慰的是，施琅不久就逃出清营，再次归顺南明军。

从史书的这些记载可以看出，由于势单力孤，郑成功和他的反清武装发展受到了极大的限制。打了几年的游击战，他始终没有找到一块可靠的根据地。他必须寻找新的合适的地盘，作为反清复明的基地。

顺治七年八月的一天，郑成功召集部将议事。郑成功开门见山地说：

"我等蹉跎数年，始终没有找到一个巩固的军事后方，如何是好？"

郑成功的话音刚落，便引发了一阵不小的议论。大家纷纷附和道：

"国姓爷所言极是。再这么打下去，我们必然不是清军的对手。"

这时，郑成功的叔父郑芝鹏站出来说：

"贤侄何不占领厦门，作为我们的军事基地呢？"

郑芝鹏是郑芝龙的从弟（即同一个曾祖父的兄弟），跟随郑芝龙多年，后随郑成功反清。

郑芝龙感激地望了望郑芝鹏，朗声说道：

"叔父所言极是！不过，郑彩、郑联兄弟也是我郑氏族人，攻之不义！"

郑芝鹏愤然道：

"我郑氏族人有这样的败类，着实让人感觉脸上无光！"

郑彩兄弟到底做了什么事，让郑芝鹏如此气愤？

原来，郑彩自恃迎鲁王有功，把持鲁王监国政权的军政大权，并擅自杀掉了鲁王大学士熊汝霖及其将郑遵谦等人，惹起公愤。郑联占据厦门后，不思杀敌报国，反倒克扣军饷，中饱私囊，惹得士卒和百姓怨声载道。

众将也纷纷劝道：

"金厦两岛是福建沿海的重要地方，据之可以纵横金、厦、澎一带海面，雄吞同安、漳州。过去，老太师（指郑芝龙）就十分重视这个地方。现在，郑联、郑彩兄弟据有厦门，不思杀敌报国，却为祸一方，攻之有何不义？再说，此刻郑彩不在厦门，郑联终日饮酒，不理军务，正是用兵的大好时机！"

郑成功沉思片刻，叹道：

"我始终感觉此举大为不妥，况且一旦有些闪失，两军从此不就结下了仇怨吗？”

这时施琅站起来说道：

“大将军行事也太意气用事了吧！此刻应以复命大业为重，岂能如此婆婆妈妈？料那郑联也不是大将军的对手！”

郑成功见众将都态度一致，最后只好说道：

“既然诸位都以此为上策，那就议一议攻岛之策吧！”

施琅接着说：

“如果用兵攻取，劳师动众，恐难成功，莫若智取。”

“如何智取？”郑成功问道。

施琅回答说：

“郑联是个酒色之徒，无谋之辈。国姓爷可率四艘巨舰，扬帆回师，停靠在鼓浪屿。郑联见你人少，肯定不会怀疑。其余的船只则扮作商船，陆续跟进，分别停到泊岛、关语屿、大担、白石头（均为厦门岛周围的小岛）。另外，再派部分船只从鼓浪屿转入崎尾，直接开到厦门港水仙宫前。准备好后，国姓爷上岸拜访，不要让他看出破绽，相机行事。”

郑成功听后颇为赞赏，连声说：

“此计甚好，但我想还是以不杀人为好。”

郑芝鹏的弟弟郑芝莞说道：

“贤侄如何如此妇人之仁！如果不杀郑联，恐怕他的部下恋主；还是杀了好，就当为我郑氏清理门户吧！”

郑成功沉思片刻，语气颇为沉重地说：

“就照大家所议之策而行吧！”

（四）

中秋之后，郑成功依施琅之计部署了水师，然后亲率四艘大船来到鼓浪屿拜访郑联。按辈分，郑联是郑成功的叔父（一说为兄），而且两军之间素来没什么冲突，郑联对郑成功一点防备也没有。

郑联听说郑成功来了，立即遣人将郑成功迎到大帐，设宴款待。叔侄二人喝了一整天的酒，谈得甚是投机。黄昏时分，郑成功拱手说道：

"多谢叔父款待。小侄一见到叔父，就感觉有说不尽的话。"

郑联说道：

"既然如此，贤侄晚上就住在我这里，我们喝到天亮如何？"

郑成功忙推辞道：

"叔父的美意，小侄心领了。只是，来而不往非礼也，何况小侄是晚辈，岂能总是叨扰叔父呢？这样吧，小侄今晚在虎坑岩设宴，请叔父务必赏脸。"

郑联毫不犹豫地回答说：

"既然如此，我就恭敬不如从命了！"

郑成功为什么要在虎坑岩设宴呢？因为整个地方离郑联的大营有较长一段距离，且半路有一处叫作半山塘的地方，四周长满齐腰的野草和密密麻麻的灌木，非常适合埋伏军队。

当晚，郑联只带了几名亲兵前往虎坑岩赴宴，郑成功早已在门前等候了。他见郑联只带了几名亲兵，心下大喜，上前说道：

"叔父快快入席吧，小侄已经恭候多时了。"

郑成功将郑联让到首席上坐定，满满地斟上一大碗酒，递到郑联面前。郑联慌忙起身，接过酒，客气地说道：

"贤侄何必如此？你我本是一家人，更何况当初如果不是芝龙大哥，也没有我郑联的今天。"

郑成功坐下后，给自己也斟上了一大碗酒。两人你来我往，很快就将一大坛酒喝了个精光。郑联还没尽兴，嚷嚷道：

"贤侄，是不是没酒了？快上酒！"

郑成功劝道："叔父，今天差不多了，不能再喝了，再喝就醉了。"

"都说了，不醉不归嘛！快上酒！"郑联还要继续喝。

郑成功装出一副关切的样子，勉为其难地说：

"那好吧，难得叔父有如此雅兴。不过我们可说好，下不为例。这酒喝多了可伤身呐！"

随后，郑成功又令人送上一坛烧酒，跟郑联喝了起来，郑联很快就喝得烂醉如泥。但郑成功却十分清醒，一则他心中有事，不敢多喝；二则他悄悄在自己的酒里掺了水，喝得虽多，但并没醉。

深夜，郑联晃晃悠悠地起身，对郑成功说：

"贤侄，今日多有叨扰，就此告辞了。"

郑成功也装出一副醉酒的样子，摇摇晃晃地站起来，卷着舌头说：

"小侄不胜酒力，比不上叔父的海量，已经醉得走不路了，就不送了。"

郑联在亲兵的搀扶下，跌跌撞撞地向大营走去。刚到半山塘，郑成功埋伏在那里的伏兵就杀了出来。郑联还没反应过来，就一命呜呼了。

半山塘的伏兵得手后，立即鸣炮报讯。郑成功听到炮响，酒意全无，立即命令各部火速进入厦门城。施琅等人领兵冲进厦门时，郑联所部大都已入睡，甚至连哨兵也在打盹。他们几乎没费什么力气，就控制了整个城池。

第二天一早，百姓和士卒们起床之后才看到郑成功发出的安民榜。厦门军民本来就对郑联极其不满，想跟随国姓爷一起反清。如今见国姓爷已经控制了整个厦门，个个欢天喜地。郑成功控制了厦门，也有了一个相对稳固的军事后方。

由于郑成功赶走了荷兰侵略者，又大力开发台湾，遂被台湾同胞尊为"开山王"。随着时间的流逝，这位伟大的民族英雄遂被神话了。台南等地的居民还为其建立了"开山王庙"。

第十二章　厦门失守

顾盼何所之，洒然灭尘根。归来忘所历，明月上柴门。

——郑成功

（一）

郑彩听说郑成功控制了厦门，匆忙领兵往南海海面去了。为防止郑彩倒向清廷，郑成功又派洪政持书前去招降郑彩。此时的郑彩已经心灰意冷，对洪政说：

"我已年老体衰，我看我们郑氏家族诸子弟中，能继承大志、有所作为的只有大木（指郑成功）。我愿把我的队伍全部交给他。"

不久，洪政就带着郑彩和他的队伍回到厦门，郑彩也将全部兵船交给了郑成功。郑成功见郑彩确实一心为抗清大业着想，便不再猜疑，待之甚厚。后来，郑彩病卒于厦门家中。

郑成功得了厦门以后，势力更加强大。郑芝龙的一些旧部也纷纷遣使前来与其联络，表示愿意接受郑成功的节制。郑成功大喜，遂将家人接到厦门，安心住了下来。

在郑成功的经营下，厦门日益繁荣，兵力也得到了极大的加强。到顺治七年秋，郑成功手中的兵力已经发展到4万余人，分左、右、前、后、中五军。

就在郑成功训练部队、图谋进取之际，永历帝遣使到厦门，令郑军入广东勤王。原来，在清军的猛烈攻势下，驻守广东的南明军连吃败仗，几乎丢掉了广东全境。被永历帝赞为忠烈之臣的李成栋也在悲愤中饮酒过度，不幸落水而死。南明将领杜永和率广东所有人马投降了清军，广西日益危急。此时，永历帝已从广东逃到广西桂林。他希望郑成功率部从广东虎门登陆，与广西的南明军合围驻守广东的清军。

说到这里，有必要介绍一下李成栋这个人。李成栋原是李自成的部将，绰号"李诃子"，能征善战，但也有个毛病，就是喜欢滥杀无辜。李自成兵败后，李成栋投降了南明，在弘光朝时任徐州总兵。

顺治二年清兵南下时，李成栋投降了清朝。此后，李成栋随清军攻扬州、下南京、破嘉定，不但参加了惨绝人寰的"扬州十日"，还制造了同样灭绝人性的"嘉定三屠"，残害数十万同胞。在攻灭隆武、绍武两个政权中，李成栋也是清廷的首功之臣，永历帝也曾被他的汉人辫子军（降清的汉人）追的到处跑。

那么，李成栋怎么又成了南明的忠烈之臣呢？

原来，清廷虽然使用了数百万汉人辫子军，但对汉人依然存有戒心。李成栋自以为他在攻占江苏、浙江、福建、广东、广西等地的过程中功勋卓著，两广总督之职非他莫属。然而，对汉人存有戒心的清廷却将此职授予了辽人佟养甲。

清廷所说的辽人是指原先居住在辽东一带的汉人。因辽东是清朝征服较早的地区，清廷对待辽人和关内汉人的政策也不大一样。自从降清之后，李成栋便和佟养甲在一起领军作战。但无论从兵力上看，还是从功劳上看，佟养甲都比不上李成栋。

结果，清廷将广东巡抚和两广总督的位子给了佟养甲，李成栋只落个两广提督之职。巡抚是总管一省军政要务的官员，提督比巡抚低一级，但权力小得多。提督总管一省军务，而且在军事行动上还要接受巡抚的调度和节制。

　　如此一来，李成栋和佟养甲原先的同僚地位变成了上下级关系。这对野心勃勃的李成栋来说，是一次沉重的打击。从此之后，李成栋逐渐对清廷产生了不满。顺治五年正月，清廷江西提督金声桓、副将王得仁等原明朝官员拥兵起事，打出了"反清归明"的旗号。

　　四月十五日，李成栋在广州发动兵变，剪辫改装，用永历年号发布告示，宣布反清归明。总督佟养甲仓皇失措，被迫剪掉辫子，违心地附和反正。广东全省都在李成栋的部将控制之下，各州县官员望风归附。广西巡抚耿献忠也同梧州总兵杨有光、苍梧道陈轼等人一起率部反正，并遣使进入南明辖区报告两广反清归明。

　　李成栋反正之后，永历帝下诏封其为广昌侯，佟养甲为襄平伯，升耿献忠为兵部尚书。不久，又晋封李成栋为惠国公。李成栋特意派使者迎请永历帝来广东，但大学士瞿式耜等人认为朝廷如果迁到广州，势必为李成栋操纵。最后，永历帝决定以即位之所，即肇庆为行在。

　　应指出的是，李成栋反正初期对永历帝是相当忠诚的。尽管广东全省均在他控制之下，但他依然坚持地方官员应由朝廷任免，而不是由他自己掌控，并特意嘱咐布政、巡按二司说：

　　"皇上到，造册一本送部，或用，或不用，或更调，听部为之。"

　　但没多久，李成栋就发现，永历朝廷腐败不堪，从上到下窃权弄私，几无功过是非可言。这对野心勃勃的李成栋来说又是一次沉重的打击，直接影响了他的反清热情。此后，他整日以酒浇愁。在帮助清军南下的过程中，李成栋几乎战无不胜、攻无不克，但在反正后，他的军队与清军对阵时，几乎一触即溃。

　　顺治五年，清朝摄政王多尔衮派出一支完全由满洲八旗兵组成的军队，在满族和蒙古将领的带领下，从北京直奔江西，围攻金声桓。

　　金声桓与清军周旋了大半年，最终于顺治六年春兵败自杀而死。就在金声桓自杀的那一天，南明的另一名大将何腾蛟也在湘潭被俘。

　　清军攻克了江西，又挥兵直取广东，攻打李成栋。三月初一，清军围攻李成栋所部驻守的信丰（今江西省信丰县）。时值春汛，信丰东门外桃江河水泛涨，清军无法渡河，只好在西、北两门外和南门旱路上挖濠栽桩，防止南明军突围。

此时，李成栋所部军心涣散，根本无力与清军抗衡。不少将士见清军对东门未加防守，便蜂拥出东门渡河逃窜。李成栋无力控制局面，只好尾随大军逃命去了。不料，这位叱咤风云的大人物居然在渡河时坠马淹死了。

（二）

李成栋死后，清军迅速南下，攻占了广东大部。永历帝仓皇失措，赶忙逃往广西，并诏令散落各地的南明军入两广勤王。作为福建、广东沿海最有实力的反清武装之一，郑成功自然也接到了永历帝的诏书。

顺治八年（南明永历五年，1651年）正月，郑成功决定联合三叔郑鸿逵，南下抗清，保护永历政权和郑军控制的潮汕沿海。然而施琅等人认为：清军势大，郑军虽能称雄海上，但不善陆战；再加上远征广东，后勤没有保障，几乎没有胜算。

郑成功心下不快，怒道：

"皇上有诏，臣子岂能不从？"

施琅等人苦劝一番，郑成功根本不听，决定亲率各军，乘坐100多艘大船南下勤王。郑成功担心清军会趁其南下之际攻取厦门，遂令族叔郑芝莞留守金、厦门地区。临行前，他特别关照郑芝莞说：

"金、厦是我们的军事基地，它的存在与否，对我们今后的抗清事业关系极大，切勿掉以轻心，一定全力守备。"

郑芝莞信心满满地回答说：

"大将军尽管放心，有我在，金厦定然无虞！"

郑成功看了看郑芝莞，又嘱咐道：

"一定不能掉以轻心！"

几天后，郑成功率部抵达南澳，其叔郑鸿逵引军与其会合。驻守南澳的陈豹劝阻郑成功说：

"国姓爷，末将日前得到消息，清军已经攻下广州。我军若贸然从虎门登陆，必然会遭受重创。再说，国姓爷领大军南下，厦门定然空虚，万一清军来袭，后果将不堪设想！"

郑成功沉思了一会儿，说道：

"朝廷危难，即使明知不敌，郑某也得南下勤王啊！"

陈豹自告奋勇地说：

"国姓爷不可自轻。放眼望去，今天下还有几人能像国姓爷这样尽忠为国呢？陈豹不才，愿领兵南下勤王。国姓爷应以复明大业为重，留守南澳，居中调度，一则可以防守厦门，二则可以救应广东。"

郑成功非常感动，叹息道：

"若我大明将士个个都像陈将军一样，何患复国无日啊！不过，皇上既然诏郑某勤王，虽越山逾海也在所不辞，哪能只顾个人的安危呢？这样吧，还请陈将军继续驻守南澳，倘若厦门有警，可火速前往救应。"

陈豹见劝不动郑成功，只好领命而出。

郑成功静静地坐在舱中，总觉得有事情要发生。恰巧，郑鸿逵此时来到舱中。郑成功忙起身道：

"三叔，成功今日总有一种心神不宁之感。你说，清军会乘虚进攻厦门吗？芝莞能挡住清兵吗？"

郑鸿逵缓缓说道：

"芝莞虽然从军多年，但并无独立指挥经验，万一清军来袭，厦门很难保住。"

郑成功大惊道：

"依三叔之见，应当如何是好？"

郑鸿逵回答说：

"不如你我合兵一处，由你统一指挥，我去镇守厦门。"

郑成功一听，立刻转忧为喜，说道：

"这样最好了。"

郑鸿逵刚走没多久，施琅便来求见郑成功。但施琅入舱后，却只站在一旁，一句话也不说。郑成功心中纳闷，就问：

"施将军为何一言不发？"

"末将不敢说。"施琅回答说。

郑成功一边请施琅坐下，一边说：

"但说无妨。"

施琅一直认为，厦门初定，主力部队不宜远征，更何况闽、粤两省的清军十分强大，人数和陆上的战斗力都在郑军之上。就算有郑鸿逵指挥，厦门也未必能守得住。但他心里明白，郑成功是个倔强要强的人，这些话都不能明说。

于是，施琅便假托自己前一天夜间做了个梦，梦到出师不利。谁知郑成功听完后，笑道：

"施将军过虑了！"

施琅道：

"梦中之事不可不信，还是请国姓爷慎重考虑。"

郑成功没有听出施琅弦外之音，还认为他心存胆怯，不敢和清军交战，心里不大舒坦。他看了看施琅，缓缓说道：

"既然将军顾虑这么多，不如就随三叔一起回厦门吧！"

（三）

施琅见郑成功已经铁了心要南下勤王，便将自己的左先锋印交出来。从此之后，他和郑成功之间便产生了嫌隙，而且矛盾越积越深。

郑成功令郑鸿逵和施琅回守厦门，又将左先锋印移交副将苏茂，随后便领兵往广东进发了。三月初十，郑成功的水师进至大星所（今广东省惠东县平海镇），令士卒抛锚泊岸，上岸砍柴。不料，此时清军已经侦悉郑军的行踪，突然发动攻击，上岸砍柴的士卒慌忙逃回船上。

郑成功大怒，传令扎营，进攻大星所。大星所清军一边组织兵力迎战，一边向惠州的清军求援。两军混战一阵，傍晚时分才各自收兵。

当晚，郑成功将部将万礼叫到舱中，吩咐道：

"我料清军惠州方向的援兵不日就要到了。从明日起，你就率本部埋伏在龙盘岭，予以截杀，不准放过一兵一卒。"

万礼领命而出，趁夜领兵埋伏到龙盘岭。

第二天，郑成功亲自督阵，攻打大星所。两军正打着，龙盘岭方向便传来了隐隐的炮声。没过多久，万礼便派人来报，称惠州方向的清军援兵已被歼灭。

郑成功大喜，当下重赏了万礼。

三月十五日，郑军攻克了大星所，缴获了城中屯积的一些米谷。郑成功正领着将士们往船上搬战利品，郑鸿逵的使者来报：

"厦门失守。"

郑成功大为震惊，将士们一听，也都十分担心亲属的安全，一致主张回师厦门。郑成功叹道：

"成功奉旨勤王，不料被清军钻了空子。如今厦门已失，顾虑又有什么用呢？且如此遥远前来，岂能半途而废？国难未报，遑顾家为？"

诸将劝道：

"国姓爷一心为国，但将士们各怀家属，如果不回师，恐怕会生出事变。"

郑成功无奈，跪在地上，向南遥拜说：

"臣冒涉波涛，冀近天颜，以佐恢复，不意中左（即厦门）失守，将士思归，脱巾难禁。非臣不忠，势使然也。"

拜完后，郑成功痛哭不已，三军将士也无不动容。郑成功遂令士卒们就近征粮，满载北归，驰援厦门。

途中，郑成功向使者详细了解了厦门失守的过程。原来，郑成功南下不久，清朝福建巡抚张学圣、巡道黄澍、福建右路总兵马得功等人，便趁郑军守兵单薄，于闰二月二十七日突然调集军队，偷袭厦门。

马得功挟持澄济伯郑芝豹打头阵。原来，郑成功、郑鸿逵起兵不久后，郑芝豹就回到安平，与母亲黄氏住在一起。郑成功取厦门后，对安平的防守有所放松，清军趁机攻下安平。郑芝豹和母亲黄氏随即便落入了清廷的控制之下。

起初，郑芝豹不愿去打厦门，马得功便威胁说：

"不要敬酒不吃吃罚酒，眼下，你母亲和大哥可都在我们手中！"

郑芝豹无奈，只好按马得功等人的要求，带着几条船冲在最前头。驻守厦门的前冲镇阮引、后冲镇何德等水师见清军来势甚猛，又有郑芝豹的船队帮助渡海，均不战而逃。郑芝莞也慌了手脚，连忙搜捡珍宝，席卷而去。清军趁势抛锚泊岸，大肆劫掠。

一时间，整个厦门岛乱成了一锅粥。郑军将士们扶老携幼，争相上船逃命，连郑成功的妻子董氏、儿子郑经都不管了。董氏无奈，只得抱起儿子和祖宗神主跑到海滨，见岸边有船，便招呼说：

"我是董夫人。"

舵工让她上了船，董氏又令舵工把她泊近郑芝莞的船。郑芝莞见到董夫人，怕露了马脚，只得说：

"启禀夫人，此船乃是战船，夫人不便乘坐。"

董夫人笑了笑，回答说：

"媳妇喜乘此船，今征战时候，非此船不可。"

郑芝莞无奈，只得让董氏和郑经上了船，开到海上避难去了。郑芝莞这一逃不要紧，郑成功积蓄数年的粮饷，瞬间化为乌有。

第十三章　逼反施琅

相娱能几何？景逝曾斯须。胡不自结束，入洛索名妹。

——郑成功

（一）

马得功占领厦门后，张学圣与严黄村、张效龄等人大喜，立即督率大队人马准备登陆。不巧，刚好赶上了大海涨潮，无法通航。张学圣便吩咐道：

"厦门孤岛，非容大兵之地，宜火速回师。"

马得功见张学圣等人的主力部队已经后撤，也不敢久留，只好下令撤退。这时，郑军已经从最初的慌乱中恢复过来。郑鸿逵等人已在海面上摆开阵势，挡住了马得功的退路。两军混战一场，郑鸿逵所部渐渐不敌，现出败势。就在这时，施琅突然率部杀出，扭转了战局。

马得功支持不住，慌忙派人乘小船去见郑鸿逵的母亲黄氏。马得功原是南明将领，在清军占领南京后发动兵变，杀黄得功，擒弘光帝，投降了清廷。在此之前，他还曾在郑鸿逵手下当过一段时间的守备。正是利用这层关系，马得功的人顺利地见到了黄氏。黄氏无奈，只好写了一封家书，附在马得功的信中，一起着人送给郑鸿逵。

马得功在给郑鸿逵的信中说：

得功与国公虽然彼此间隔，皆因各司其职罢了！如今得功奉令过岛，未曾扰一草一木，奈欲退无舟可渡，得功必死于此。得功死不足惜，但恐岛上居民因此而不能保全。何况，国公的兄长在京，眷口在安平，其能安乎？不如宽得功夫片刻，假渡而归，一举两得，得功幸甚，国公亦幸甚！

马得功的话软中带硬，且有郑母的劝说，郑鸿逵权衡再三，最终决定让开一条通道，又借了几条渔船，放马得功过去。而后，郑鸿逵派人飞报郑成功，恳求郑成功班师回厦，拯救岛上居民。

四月初一，郑成功率部抵达厦门。此时，清军马得功部已从容撤回大陆。当郑成功得知事情的来龙去脉后，大怒道：

"真是家门不幸！四叔（郑芝豹）帮助清军登上厦门岛，三叔放走了这帮贼厮，芝莞叔竟然不战而逃，实在是我郑氏的奇耻大辱！厦门遭殃，与清兵有什么关系呢？"

盛怒之下，郑成功以军法处置了弃城逃跑的郑芝莞、阮引，棒打了何德，并下令郑家的亲属不准和郑鸿逵相见。郑鸿逵自知理亏，慌忙写信给郑成功，请他回中左所（即厦门）城。

郑成功怒气未消，只是回答说：

"定国公与清军通好，请我去中左所，似乎没安什么好心。回报定国公，如果不杀清军，你我相见无期矣！"

郑鸿逵自知铸下大错，便回信说：

"马虏之归，盖以吾兄（郑芝龙）身在于清，重以母命故耳。不然，我亦何意何心也？俺有疑吾之言，不亦惜乎？"

为证明自己的清白，郑鸿逵交出了全部军队，自己迁居金门的白沙屯，从此淡出军界，安心做他的海外贸易去了。郑成功的怒气这才渐渐消了。

至此，郑成功控制了郑氏的全部兵权，东南沿海的郑氏部队都统一在了郑成功的旗下。在此后相当长时期内，金、厦一直是郑成功抗清的坚强基础，更大规模的抗清斗争即将开始。

此外，郑成功的不徇私情和严明执法也让将士们心服口服，郑军的军纪从此之后也更加严明。

（二）

郑成功以金、厦为基地，日夜操练兵马，囤集粮饷，准备伺机北伐，恢复大明江山。然而，正当各项事务逐步走上正轨时，施琅的降清再次给了郑成功沉重的一击。

在驱逐马得功之役中，施琅功不可没，郑成功也没有忘记他——重赏白银200两。这可不是一个小数目，足足是明末清初七品知县三年多的俸禄。

然而，傲慢跋扈的施琅却不以为然。他认为，如果郑成功当初听从自己的建议，不南下勤王，马得功等人根本不会偷袭厦门。更让他无法忍受的是，郑成功虽然赏了他200两白银，但却没有恢复他的左先锋之职。相比之下，施琅的副将万礼却被提升为总兵。

施琅大为不满，决定试探一下郑成功的心思。

一天，施琅来求见郑成功，开门见山地说：

"我等追随大将军多年，大小打了百余战，但始终无法撼动清军根本。施某已经心灰意冷，想落发为僧。"

郑成功也是个十分聪明的人，他知道施琅是在试探自己，但并没在意，因此轻描淡写地说：

"施将军何必如此？光复大明并不是一朝一夕能够完成的。如今军中尚缺一个前锋镇，望将军自行募军组建。"

施琅见郑成功的态度如此冷淡，心下大为不满，回去后就真的剃了头发，但并没有去做和尚。担任援剿左镇的施显也因哥哥的遭遇而对郑成功产生了不满，施家与郑成功之间的矛盾越积越深。

就在这时，曾德事件爆发了。曾德本是郑彩的部下，曾追随郑彩镇守仙霞关。此人淫纵多端，曾被隆武帝解职闲居。后来，在郑芝龙的保举下，曾德又被隆武帝重新启用，仍守仙霞关。郑芝龙降清后，曾德似乎不大得志，在郑军中处处受施琅节制。

施琅被免去左先锋之职后，曾德以为自己的出头之日到了。因此，他开始利用过去在郑氏家族军队中的关系，离开施琅所部，投入郑成功营中当了一名亲随。

施琅得知此事后，十分生气，下令到郑成功的营中捉拿曾德，斩首示众。

应指出的是，曾德在军中的地位不低，施琅无权斩杀他。更何况，此时的施琅已被解除兵权。因此郑成功闻讯后大吃一惊，立即遣使飞骑前往施琅营中，下令不让他杀曾德。

但施琅认为，自己的营中之事，自己有权主持，与郑成功无关，因此下令杀了曾德。

郑成功对施琅早已产生戒心，认为他早晚必反。如今，施琅又违令擅杀郑氏旧将，郑成功便断定施琅反形已露，因此决定下手除掉这个后患。

五月二十日，郑成功密令援剿右镇黄山以商量出军机为名，令施琅之弟施显火速赶往厦门。施显刚到厦门，就被郑成功软禁起来。

与此同时，右先锋黄廷在郑成功的命令下包围了施琅住宅，将施琅及其父施大宣控制起来。具有传奇色彩的是，施琅被捕后竟骗过了船上的守卫，顺利逃脱，潜到大陆去了。

郑成功得知施琅逃脱后，顿足而叹：

"唉！吾不幸结此祸胎，贻将来一大患啊！"

不幸的是，郑成功一语成谶，后来打败郑军的果然是施琅。不过，郑成功在整个事件中也应负一定的责任。七月，郑成功获悉施琅已逃入清方管辖区，怒不可遏，下令将施大宣、施显斩首示众。从此，施琅对郑成功恨之入骨，死心塌地投靠了清朝，一心同郑氏为敌。

郑成功在这件事上的处置失当，终致施琅这样一位杰出的海军将领投入清军一方，使清廷逐步建立了一支足以同郑军相抗衡的水师，对后来的局势发展产生了深远的影响。

（三）

郑成功清理了内部的异己之后，立即着手扩大反清基地。顺治八年末，郑成功率部攻打漳州。清廷福建提督杨名高率部驰援。双方在小盈岭一带遭遇，展开混战。郑成功一马当先，冲入敌阵，左冲右突，砍死数名清兵。杨名高不敌，仓惶退入漳州。

郑成功见漳州城坚粮足，仓促间无法攻破，转而向漳浦进军。漳浦的守备薄弱，清军又不敢轻易出漳州，很快被郑军攻破。

就在这时，从舟山方向传来消息称，清廷浙江总督陈锦大败鲁王之军，鲁王随南明将领张名振逃亡海上。郑成功大惊，立即遣使前往舟山附近的海面，接应鲁王，将其迎到金门。至此，南明鲁王朱以海这支反清力量彻底覆亡。后来，鲁王一直居于郑军之中，直至病死台湾。

顺治九年（南明永历六年，1652年）初，郑成功率部攻打海澄。驻守海澄的是清朝漳州总镇王邦俊，其部有马、步军数千人，但不习水战。两军在海澄附近的磁灶扎营对垒。

王邦俊是郑成功的老对手了，此人骁勇善战，曾给郑军造成不小的麻烦。为彻底打败清廷的这支劲旅，震慑清军，郑成功进行了周密的部署。他将大军分为三路，一路在正面与王邦俊对垒，两路埋伏在左右翼，伺机迂回到清军背后，发动突然袭击。

王俊邦见当面的郑军较少，顿生轻敌之心。一天早晨，他亲率马步军向郑成功所部发起突袭。郑成功率部抵抗，死战不退。两军正打得不可开交，清军背后突然大乱。原来是郑成功埋伏在两翼的部队迂回到清军的背后，将王邦俊所部团团围了起来。王邦俊不敢恋战，杀出一条血路，逃往他处去了。郑成功一鼓作气，趁势拿下海澄。

清朝浙江总督陈锦闻讯大惊，慌忙率部从海上进入福建，支援王邦俊所部。郑成功早在陈锦的必经之路——九龙江上的江东桥设下了伏兵。陈锦只顾驱兵前进，丝毫没有防备，结果被郑军杀得大败，仓皇向泉州方向撤退。

郑军接连获胜，郑成功大喜，趁势攻占了诏安、南靖（今福建省南靖县）、平和（今福建省平和县）等地，对漳州形成了合围之势。不久，清朝浙江总督陈锦被其部下所杀，清廷满朝文武震惊不已。

八月，清廷遣驻守浙江的平南将军、固山额真金砺等人入闽支援杨名高等人作战。金砺等人与杨名高合兵一处，驰援漳州。郑军大战数月，士卒已经十分疲乏，再加上敌众我寡，渐现败势。

郑成功果断决定：放弃漳州，退守海澄。金砺等人紧追不舍，郑成功大怒，令部将王秀奇、郝文兴等人督兵迎敌。两军在海澄城外混战多时，不分胜负。

清廷文武官员见郑成功势大，难以用武力平定，便献策顺治帝，赦罪招安。顺治帝采纳了这一建议，命郑芝龙写信给郑成功和郑鸿逵，许以赦罪授官。

郑军和清军接连打了几个月，一直没有得到修整，士气渐渐低落。因此在接到清廷的招降信后，郑成功想：

"不如趁这个机会假装答应清廷的招安，暗中让部队修整一番。"

于是，郑成功假装答应了清朝的招安。顺治帝大喜，立即下诏，令金砺等人率师返回浙江。如此一来，郑成功便获得了一次难得喘息之机。

郑成功趁机完善了部队的编制，将军队划分为十营，分别为：礼、智、信、仁、义五营，英兵、游击、奇兵、殿兵、正兵五营。

与此同时，郑成功又委派族人郑启设置了军器制造局，督造军器。郑启所造的兵器除了当时常用的刀枪剑戟之外，还有藤牌、战被、火筒、火罐等武器。

藤牌又称团牌，作战时士兵三人为一伍，一兵执团牌，遮蔽两人，一兵砍马，一兵砍人。团牌兵攻击满洲骑兵甚为有效，对清军威胁很大。

战被又称滚被，是一床厚两寸的大棉被，由一人携带，敌人射箭来，便张开棉被遮挡，箭射过后，便将棉被卷起滚进，同时挥舞双刀砍敌兵的人马之足。

火筒是用来向敌兵喷射火焰的武器。

火罐则类似于今天的炸弹，其中装满火药，填上引线。战斗时，点燃引信后投向敌兵，以杀伤敌人。

这些相对先进的武器极大地提高了郑军的战斗力，令清军威风丧胆。

有一次，郑成功到玉山巡视。随从将领告诉他，玉山盛产美玉，而且每块都是精品，占领此山便可解决军饷短缺的问题。然而郑成功认为，玉山是高山族同胞世代居住的地方，不宜占领，拒绝了随从的建议。

第十四章　首次北伐

夫战败而和，古有明训；临事不断，智者所讥。

——郑成功

（一）

从顺治十年（南明永历七年，1653年）到顺治十二年（南明永历九年，1655年）底，清廷改变了对郑成功所部的策略，转以政治诱降为主。清廷给郑成功开出的条件不低，先封他为同安侯，又封其为靖海将军，令其所部驻守漳、潮、惠、泉四府。当然，永历帝在此期间也没闲着。他于顺治十年五月遣使封郑成功为漳国公，以固其反清复明之志。

郑成功一边与清廷虚与委蛇，假装展开谈判；一边巩固自身实力，向外围扩张。到顺治十二年底谈判破裂之时，郑成功所部又与清军打了数十战，先后攻占了福建漳州、南安、惠安（今福建省惠安县）、安溪（今福建省安溪县）、永春（今福建省永春县）、德化（今福建省德化县）、仙游（今福建省仙游县），以及广东的潮州、潮安，浙江舟山等地，实力大增。

清廷这才意识到，郑成功根本无心与他们和谈。顺治帝大怒，一边令清郑亲王世子济度率部入闽，一边将郑芝龙削爵下狱，威胁郑成功。

早已竖起"杀父报国"大旗的郑成功不为所动，改中左所（即厦门岛）为思明州，设六官理事，分所部为七十二镇。"思明"，顾名思义，就是思念明朝。从这个名字也可以看出，郑成功是铁了心要以厦门为基地，恢复明朝江山了。

郑成功改中左所为思明州的行动彻底激怒了清廷。顺治十三（南明永历十年，1656年）二月中旬，济度率清朝水师攻打厦门。郑成功立即领军迎战。八旗兵善陆战而不善水战，一上船就失去了方向感，自然不能和水里生、水里长的郑军在海上抗衡。一战下来，济度所部被郑军打得落花流水，仓皇而逃。

郑成功大喜，立即着手准备北伐的有关事宜。不幸的是，驻守海澄的黄梧、苏明因对郑成功不满而投降了济度。

黄梧曾和苏明的哥哥苏茂一起奉命攻打广东揭阳，但久攻不下。郑成功很生气，遂以军法处决了苏茂。此后，黄梧和苏明便对郑成功产生了二心。不过，郑成功并没有意识到这些。他在海澄储存了大量的粮草和武器辎重，以备北伐之用，并派黄梧等人驻守。不料，黄梧趁机降了济度，致使郑军丧失了大量的军需。

顺治帝闻讯后，大喜，遂诏封黄梧为海澄公，驻漳州。黄梧投降后，竟然"尽发郑氏墓，斩成功所置官"。

这次事件对郑成功的打击不小，但依然没有动摇他的北伐之志。夏秋时节，郑成功亲率大军攻下闽安（今福建省福州市闽安镇）、南台等地，逼近福州。清廷大惊，立即调集福建、浙江一带的守军围攻郑成功。郑成功不慌不忙，与清军周旋数月，终于在当年年底大败清军阿克善所部，巩固了自己的胜利成果。

顺治十四年（南明永历十一年，1657年）初，占据台湾的荷兰人遣使求见郑成功，希望与他的武装海商集团通商。目光如炬的郑成功一眼就看出了荷兰人的祸心，他们要求通商是假，刺探军情是真。

郑成功在占领厦门岛之后，便确立了"以商养战"的战略目标。郑军水师在休战时期便会远涉日本、吕宋等地，进行海外贸易。同时，郑成功和荷兰人也建立了贸易关系。但贪心不足的荷兰人见郑芝龙已经降清，郑成功又和清廷水火不相容，便趁机打劫郑军的商队。这让郑成功十分不满，终于在顺治十二年下令停止与荷兰人之间的一切商贸往来。

自从郑芝龙退出台湾之后，荷兰侵略者一支独大，又于明崇祯十五年赶走了西班牙人，独占了台湾。荷兰侵略者对台湾人民进行了残酷的殖民统治，将耕地据为己有，对农民进行残酷的剥削，甚至强迫台湾居民向其交纳人头税。

清军入关后，荷兰殖民者又企图利用中国的朝代更迭之际，以台湾为跳板，进一步侵略中国大陆。要实现这一野心，他们首先就要击溃郑成功的水师（不善水战的清军对荷兰人几乎不构成威胁）。

（二）

为了解郑成功水师的兵力、装备和战斗力等情况，荷兰人假托通商，遣使前往厦门刺探军情。郑成功无暇顾及此事，只是让部将领着荷兰人的使者参观了军营。

使者回到台湾后，如实向荷兰侵略者汇报了郑军水师的情况。荷兰人自知不是郑成功的对手，这才没有轻举妄动。不过，荷兰人并未因此而放弃与郑成功通商的决心。

不久，荷兰侵略者便派郑芝龙的旧部何斌前往厦门，与郑成功商讨通商事宜。何斌是福建南安人，与郑成功是同乡。据说，他早年曾泛舟海上，还曾在日本经商。明天启年间，何斌前往台湾，投奔了郑芝龙。郑芝龙降明后，何斌拟与好友杨天生、陈衷纪、李英等前往投奔。不料，众人在海上遇到了海盗李魁奇的袭击，同行者皆死，只有何斌与李英得以逃脱。

何斌无奈，只好返回台湾。不久，何斌开始学习荷兰语，并投靠了荷兰人。荷兰侵略者不懂中文，无法直接与台湾居民沟通，只好任用中国人为通事。在这种背景下，何斌便成了一名为荷兰侵略者服务的通事。不过，他的心思始终在中国人一方，日夜盼望着能够收复台湾。

何斌来到厦门，见到郑成功后，非常高兴，立即劝他出兵台湾。但因郑成功此时正考虑北伐之事，无暇顾及台湾，便暂时将此事搁置了下来。不过，他同时嘱咐何斌说：

"回台湾后，你可以继续为荷兰人作通事，同时暗地里用心观察、探查地形，为郑某日后征台做好准备。"

何斌点头应允，返回台湾后，他一边暗中积蓄粮饷，一边勘察地形和荷兰侵略者的兵力部署情况。

顺治十四年初夏，郑成功命洪旭等守金、夏，自领大军从海上北代。这是郑家军第一次正式北伐。当时，驻守福建、浙江沿海一带的清军将领多是明朝旧将，与郑氏都有着极深的渊源。郑军所到之处，清军纷纷望风而降。到了七月，郑成功已经率军打到了台州（今浙江省台州市）。

时任清朝福建总督的李率泰见郑成功大军远出，有隙可乘，便率军袭击闽安等地。八月，清军攻占了闽安。郑成功闻讯大惊，慌忙回师救援。第一次北伐宣告结束。

郑成功回到厦门后，一边遣使向永历帝报告北代计划，一边休整部队，准备第二年再次率部北上。永历帝闻知郑成功已经拟定北伐计划，心下大喜，立即封郑成功为延平王，并令其整军攻打江南地区。

顺治十五年（南明永历十二年，1658年）二月，清军分三路向云南、贵州等地发起猛烈的攻击，企图消灭永历政权。为牵制清朝的兵力，郑成功果断开始了第二次北伐。

出发前，郑成功颁布了严格的纪律：官兵除沿途取粮外，不准奸淫掳掠妇女，不准掳掠男子为兵，不准牵取宰杀牛畜，不准私人借坐给牌商船，违者斩首示众，将领连罪。金、厦百姓闻讯，纷纷拍手称快，均以为大明光复有日矣！

不料，这次北伐却中途夭折了。究其原因，主要有两个方面：

第一，郑军士卒多出身海盗，纪律性较差。郑成功虽然三令五申，但仍有一部分官兵违反军令。

第二，大军在海上遭遇了风暴，粮饷辎重丢失不少。郑成功无奈，只好取消第二次北伐，回师舟山，扩军筹饷，准备再战。

顺治十六年（南明永历十三年，1659年）五月十三日，郑成功开始了第三次北伐。出发前，他慷慨陈词：

"我等奋战多年，皆思恢复大明江山。今日时机已经成熟，望诸位随郑某一起上阵杀敌，上报国恩，下救苍生。"

将士们也振臂高呼：

"反清复明，反清复明！"

郑成功双手下压，示意众人安静下来，然后又说道：

"郑某有一言不得不说。上次北伐期间，有不少将士违背将令，奸淫掳掠，实在可恶！这一次，希望大家能记住上一次失败的教训，如有违者，杀无赦！"

将士们再次高呼：

"谨遵国姓爷将令！"

誓师之后，郑成功亲率数万水师沿曲折的海岸线北上。郑军一路猛攻猛打，仅用一个月的时间，就攻取了崇明（今上海市崇明县），然后溯江而上，来到瓜州地界。

六月十三日，郑军与镇守镇江的清军展开了激战。清军自知无法在水上与郑成功争雄，便用豆木在江上筑起长坝，截断江流，企图在坝上与郑军展开决战。清军的水坝修得十分壮观，宽达三丈，可以跑马，左右木栅还留有专供射箭、放铳的垛口。在江心位置还有大炮阵、火炮阵，用以对付郑军的大船。

不料，清军不但水战不行，修建的水利工程同样不行。大坝刚刚建成，就被潮水冲断了。清朝南京部院郎廷佐大惊，慌忙出来祭江，祈求神灵保佑，然后又重新征集民夫，修好大坝，设兵严守。

（三）

清军江南提督管效忠、镇江副总兵高谦共同防守镇江。管效忠派镇守瓜州的朱衣助在谈家洲设下伏兵2000名，并装上大炮，严阵以待。郑成功见清军防守严密，便派人先取了焦山，然后再作打算。

六月十五日，郑成功以海船运兵2300人泊焦山，攻打清军的大坝。郑成功令众人在焦山虚张声势，吸引清军的注意，然后又派数人掌舵，将大船开近大坝。大船全部蒙上白布，而且吃水很深，从外部看上去，似乎装了不少士兵。但其实船上除舵手之外，根本没有一兵一卒，舱内所装全部是泥土。

郑成功这样做的主要目的是吸引清军开炮，消耗他们的弹药。清军见郑军的大船靠近，果然中计，纷纷开炮射击。结果，清军打了500多发炮弹，一艘船也没伤着。

第二天，郑成功又派大船前去挑战。但这次不同的是，船里装的不再是泥土，而是精通水性的士卒了。郑成功之所以敢这么做，主要是因为清军的炮弹已经消耗得差不多了。大船驶近大坝，清军只好用弓箭射击。

郑军士卒躲过清军的箭，纷纷跳到江中，潜到大坝下面，破坏里面的设施。中午时分，大坝轰然倒塌。郑成功趁机率部驶过大坝，开往瓜州。

六月十七日，郑成功巧妙地绕过谈家洲，从瓜州后寨杀入。朱衣助闻讯大惊，慌忙令骑兵从东门出战。郑成功令士卒向后撤了里许，在一处高岗上摆开阵势，作出一副准备迎战的样子。不过，他早已在官道两边的水田里埋伏了大量的步兵，令他们专砍清军骑兵的马腿。

清军骑兵见郑成功在门外列阵，便纵马上前，根本没想到两边的水里有人。结果，他们在半道上就被砍得人仰马翻。郑成功也趁机攻入瓜州城内。

朱衣助没想到郑军会这么快进城，他正准备向安徽方面的清军求援，左右已经来报：

"大事不好了，郑军进城了！"

朱衣助大惊道：

"怎么会这么快？"

他的话还没说完，两名郑军士卒已经冲了进来，将其控制了。士卒们将朱衣助押到郑成功面前。郑成功赏了士卒，又好言抚慰朱衣助一番，将其放了。

郑军入城后，将清军的红衣大炮全部转到沿江一带，对着谈家洲猛轰起来。谈家洲的清军顿时乱作一团。就在这时，又有数十名郑军士卒从水中跃出，冲入敌阵，砍杀起来。2000名清军到处乱窜，自相践踏，死伤无数。很快，郑军水师也杀到了，洲上清军全部被歼。

郑成功攻取瓜州后，便将目光锁定在镇江。他命令士卒集中火力，轰击镇江城。管效忠大惊，慌忙向南京方向求援。清朝派明朝降将洪承畴麾下的一员大将率数千铁骑前往增援。铁骑兵铁甲如雪，南征中屡屡取胜。那位大将大言不惭地说：

"这些海盗根本不够我杀的！"

清军沿江一带的将领闻听此言，都纷纷大喜道：

"好在有南京方面的部队出战，不用我们就是去送死了。"

管效忠回合了南京方面的援兵，共得1.5万余人，分为八队，气势汹汹，准备与郑成功展开决战。

时值六月，江南酷热无比。满洲八旗兵不耐酷热，都想早一点打败郑军，回军避暑。郑成功抓住了他们的这一心理，下令道：

"清军不耐酷热，急于交战，你们可与其周旋，消耗他们的体力。"

诸将领命而去，并利用清军不善水战的特点，令大军始终与清军保持一箭（即弓箭的最远射程）以上的距离，折腾他们。清军出现在南岸，郑军就驶到北岸；清军好不容易到了北岸，郑军又跑到了南岸。

就这样，清军跟着郑军兜圈子，走了三天三夜没有休息，弄得人困马乏，苦不堪言。穿着铠甲的清军士卒受不了，很多人都病倒了。

（四）

郑成功见时机已经成熟，便令大军上岸，在扬篷山一带和清军厮杀。郑成功手下多是步兵，而清军多是骑兵。从理论上将，步兵和骑兵作战多半要吃亏。入关之后，清军正是凭借骑兵的强大冲击力才迅速击溃李自成的大顺军和明军的。

清军骑兵和大顺军或明军作战，凡遇步兵，往往后退数丈，加鞭向前突进，敌阵稍动，就乘势杀入。步兵经不起骑兵的冲击，往往自相践踏，死伤无数。清军便趁机游动砍杀，无不获胜。但这一次，他们的战术不灵了。

郑军虽然多为步兵，但在郑成功的巧妙安排下，其战斗力比骑兵还强。郑成功将前阵分为三队，第一队使的都是长枪，第二队用团牌，第三队用倭铳（即火铳）。每队50人，前面有五色旗一面领头，中杂滚被两人、团牌两人，以鼓声缓急来调节进军速度。

大战开始时，清军骑兵依照以往的经验猛冲猛打。郑军第一队士卒见清军气势汹汹而来，便闪到一旁，让开通道，放清军过去。郑军第二队团牌兵用团牌挡住了骑兵，骑兵的速度降了将来。第三队的火铳手趁机发射火铳，清军骑兵中弹而倒者不计其数。

清军大惊，慌忙后撤，但哪里还退得动呢？郑军第一队士卒早已冲进敌阵，砍马腿的砍马腿，刺杀敌军的刺杀敌军，很快就将清军的骑兵打败了。

管效忠见状，只得令骑兵退出战斗，亲率第二阵步兵冲了上去。郑成功将白旗一举，郑军士卒自动分成两队，仿佛要后退。管效忠以为郑军要逃跑，立即纵马冲了过去。不料郑军根本不是后退，而是诱敌深入。郑成功只是令中间的士卒后退，两边的士卒则逐次放慢速度。如此一来，郑军就形成了一个巨大的口袋形战阵。

管效忠等人刚冲进去才发现中计，但哪里还逃得出去？郑军士卒已经扎紧口袋，将清军围在中间。随后郑军一拥而上，胡乱砍杀，杀死清军1000多人，其中包括两名先锋大将。

打着打着，天上忽然下起了大雨，地上很快就变成了一片泥泞。清军都披着沉重的铠甲，负重过重，人和马都跑不动。郑军士卒则越战越勇，脱掉了鞋子，在泥地里和清军厮杀。管效忠所部抵挡不住，慌忙后退。郑军乘胜追击，杀敌无数。

这一场恶战断断续续打了好几天，直到七月二十日才结束。管效忠本部战前原本有4000余人，一战下来只剩下140人；清军常州总镇手下只剩下37人；镇江副总兵高谦也只剩下了80骑人马。管效忠不禁长叹道：

"我自满洲入中原，身经十有七战，从没遇到过这样的打法。"

镇江城门紧闭，城内人心惶惶。镇江守将高谦与太守戴可立将炮架在城上准备守城。郑成功令部将马信前去喊话。马信来到城下，高声喊道：

"速速献城，迟就屠城了！今外兵已杀尽，你们不信，请看扬篷山。"

戴可立十分害怕，第二天便率人出城，迎接郑军入城去了。郑成功问戴可立：

"你是戴太守吗？"

戴可立诚惶诚恐地回答说：

"小人就是戴可立，请郑帅发落。"

郑成功将马鞭一扬，缓缓说道：

"你本来无罪，念你献城有功，仍命你为太守。"

戴可立忙不迭地磕头谢恩。

郑成功取了镇江，立即奖赏从征将士，安抚百姓，令其各事生产。然后，他又发表了讨贼檄文，准备进军南京。

这篇檄文铿锵有力，充分表现了郑成功克敌制胜的信心。檄文的最后几句是：

　　且一战而敬谨授首，再战而贝勒成擒。招来万亿游魂，屈指二三余逆。于此人力，可卜天心。瞬息夕阳，争看辽东白豕；灭此朝食，痛饮塞北黄龙。功永勒于汾阳，名当垂于淝水。世受分茅，勋同开国。

第十五章　南京战败

> 破屋荒畦趁水湾，行人渐少鸟声闲。偶迷沙路曾来处，始踏苔岩常望山。
>
> ——郑成功

（一）

镇江大捷让郑成功和他的北伐军声威大振，东南各地的反清力量云集景从，反清复明大业出现了前所未有的高潮。郑成功大喜，以为攻取南京的时机已经成熟，遂于六月二十八日召集诸将，商议攻取南京之策。

由于刚刚获得空前的胜利，诸将都信心满满，以为南京唾手可得。然而甘辉却不以为然，他主张北据瓜州、镇江，阻挡清军南下的援兵；南据北固山，封锁江浙的通路，阻挡从南方北上的清军。

被胜利冲昏头脑的郑军将领们都纷纷指责甘辉胆小怯懦，郑成功也认为甘辉的建议太过谨小慎微，不值得采纳。

在郑成功的主持下，诸将开始商议攻取南京之策。令郑成功意想不到的是，甘辉在具体的战略、战术上又提出了不同意见。郑成功等人主张乘胜追击，从水路直扑南京；甘辉则认为攻取南京不宜操之过急，而且应弃船登岸，从陆路发动攻击。一则，这样可以攻破沿途的州县，孤立南京；二则可以壮大郑军的实力，加强后勤补给。

从当时的形势来看，甘辉的意见无疑是正确的。但郑成功求战心切，并没有采纳这一有益的建议，最终导致反清复明的大好形势急转直下。

七月初四，郑成功亲率大军溯流而上，直扑南京。清军设在沿江的据点纷纷望风而降，郑成功心下大喜，渐生轻敌之心。不过，当时确实出现了一些令人匪夷所思的现象。

七月初七，郑成功所部抵达南京城外观青门。随后，郑成功立即遣诸将去察看地形和清军的兵力部署。

徐明等八人前往芜湖，不慎误入浦江港，遇上了200余名清兵。刚开始，郑军只有4名虎卫将上岸。他们面对着200多清兵，不知所措。徐明等人见状，也纷纷跳上岸边，心想：

"索性是死，不如和清军大战一场，死得轰轰烈烈。"

但令众人感到诧异的是：200多名清兵见到八名郑军猛攻过来，皆以为天兵骤降，丢盔弃甲而走。八人乘势追击，一直追到芜湖南门。

驻守芜湖的清军见200余名士卒疯狂奔逃，不知出了什么情况，也都跟着他们从北门逃走了。就这样，八名郑军不费一丝一毫的力气就攻占了芜湖。芜湖百姓将八名郑军官兵迎入城中，纷纷赞誉说：

"难道是老虎吗？八员铁将，竟然惊走了满城守虏！"

郑成功再次来到南京城下，不禁感慨万千。他上一次来到南京时，这里还是南明的都城，他还是一个监生。而今，一切都变了。南京被清军占领了，他自己也由书生变成了南征北战的大将军。郑成功望着烟波浩淼的江面和笼罩在雾中的城楼，慷慨赋诗道：

"缟素临江誓灭胡，雄师十万气吞吴。试看天堑投鞭渡，不信中原不姓朱。"

身边的将士们听了，不禁也都豪情万丈，纷纷道：

"国姓爷尽管放心，有您在，何愁大明江山不复！"

郑成功笑道：

"好，立即攻城！"

大军弃船登岸，迅速包围了南京。管效忠不敢出战，只好一边督理防城器械，一边向清廷紧急求援。城中守军也早已被吓破了胆，奏报中称郑军水师达"20余万，战船千余艘，俱全身是铁，箭穿不透，刀斩不入"。

郑成功闻讯大喜，对身边的将士说：

"城内慌乱到这种程度，南京一定会投降的！"

随后，郑成功马上命人起草了一份劝降书，指出南京的困难，劝其投降，然后将信绑在箭上射入城中。管效忠得到郑成功的劝降书后，果然遣使前来谈判，说是要献城投降。

沉浸在胜利喜悦中的郑成功根本没有想到，管效忠之降其实是一场骗局！

（二）

管效忠在给郑成功的降书中说：

"大师到此，即当开门延入。奈我朝有例，守城者过三十日，城失则罪不及妻孥。今各官眷口悉在北京，乞藩主宽三十日之限，即当开门迎降。"

郑成功看到降书后大喜，以为南京已经唾手可得，便答应了管效忠之请，并厚赏了使者。在给管效忠的回信中，郑成功说：

"本藩攻此孤城，不过一脚尖耳。既然来降，姑准其宽限者，盖欲取信于天下也。若至期不降，攻入之时，寸草不留。"

不能不说，接连得胜的郑成功已经有些忘乎所以了。与清军相比，郑军无论在兵力上，还是在后勤补给上，都处于劣势。他之所以能在北伐初期接连获胜，一是因为"攻其不备"，二是因为清军尚未来得及调集兵力。如果迁延日久，孤军深入的郑军定然会处于下峰。郑成功在这件事情上的失策也是他第三次北伐失败的主要原因。

郑成功手下有一个名叫潘庚钟的参军。他听说管效忠的投降条件后，慌忙来到大营，对郑成功说：

"启禀国姓爷，此乃清军的缓兵之计，不可凭信，应该速速攻之！"

郑成功笑道：

"自舟山兴师至此，战必胜，攻必取，管效忠怎么敢对我用缓兵之计呢？清朝实有定例，你不要多疑。"

潘庚钟仍然坚持说：

"兵法上说：辞卑者，诈也；无约而请和者，谋也。既然管效忠想要投降，为何不早降，哪里还顾得上家眷？依我看，定是城中空虚，管效忠想要拖延时间，等待援兵。速为进兵攻之，乃为上策。"

郑成功有些不屑地回答：

"古人说，攻城为下，攻心为上。如今，管效忠既然来降，我又已准其约，若骤然攻之，彼心不服。不如等到他不守前约时再调兵攻打。到时候，莫谓城内人心悦服，且使天下皆知我行仁义之师。况且太祖皇陵在此，也不宜震动啊！"

潘庚钟见郑成功不愿采纳自己的建议，摇头而出，叹道：

"大势已去矣！"

郑成功相信了管效忠的话，只令大军围住南京，并加强守备，防止外围清军突入城中，与管效忠所部合力守城。管效忠闻讯大喜，对身边的人说：

"此乃朝廷之福啊！"

随后，管效忠便密檄救援。驻守苏州、松江（今上海市松江区）等地的清军接到管效忠的求援信后，急忙赶赴南京，支援管效忠等人守城。

与此同时，清廷也调集了数十万大军，开赴江南。七月十五日，清朝崇明总兵梁化凤突围进入南京，与管效忠合兵一处，大大加强了城中的守备力量。接着，其他几路清军也陆续来到南京城下。

郑成功手下的大将周全斌见形势对己方越来越不利，便劝郑成功道：

"如今我军已占领瓜洲，用兵贵在神速，如果一鼓作气将南京拿下，将皇帝迎驾过来，那么中兴大明便指日可待了。"

郑成功仍旧不以为然，只说已经许诺，不得随意更改。

大将甘辉也劝说道：

"大军在城下驻扎太久，容易失去锐气；且如果清军援军一到，就要多费一番功夫才能攻下。请求国姓爷快点下令攻城吧！"

在诸将的再三劝说下，郑成功才传令各提督、统领，限令七月二十二日安炮攻城。然而七月二十一日，郑军截获了城中的情报，称各处清军已经齐集南京，准备和郑军一决胜负了。郑成功这才发现自己上了管效忠的当。

第二天中午，南京大战正式开始。双方展开了激烈的炮战。由于清军已经准备多时，炮火十分猛烈，郑军前锋多次冲锋，均被击溃。紧接着，大队清军从城中突出，杀入郑军阵中。郑军救应不及，前锋镇余新、左营董廷和数千名士卒悉数被歼。中冲镇副将萧拱柱阵亡，萧拱宸浮水而逃。

清军乘胜突出城外，在城墙下安营扎寨，准备再战。至此，郑成功北伐初期所获得的优势丧失殆尽，清军牢牢掌握了战役的主动权。

（三）

郑军攻打南京的首战就以失败告终，这让郑成功震怒不已。当晚，郑成功又重新布置了兵力，企图扭转局势。

不幸的是，在部署兵力时，郑成功又犯了严重的错误。他令左先锋镇杨祖统援剿右镇姚国泰，后劲镇杨正、前冲镇蓝衍屯扎大山上，做犄角应援；中提督、五军伏在山内；左武卫、左虎卫列在山下迎敌；而郑成功则督右虎卫、右冲镇万禄，在观青门往来应援；后提督、宣毅左等堵御大桥大路；右提督、宣毅后镇、正兵镇由水路抄蹑敌后；左冲镇专理水师，防止敌兵由水路抄来。

乍一看，这样的部署可谓万无一失，但实际情况是：郑军的兵力本来就不能与清军相抗衡，而郑成功的部署又使得兵力过于分散，无法集中优势兵力对付来犯之敌，即使彼此间往来救应也不大容易。

深夜，清军悄悄逼近郑军的营地。七月二十三日上午，数万清兵从山后抄出，南冲左先锋镇之营。清兵动用了全部的攻坚器械，炮火交集，郑军无处容足。清军一齐下马死拼，郑军将士只能冒死迎战。

由于距离太远，左先锋镇附近的郑军只听到清军的冲杀之声，看不清山上的形势，都以为只是小股清军在袭营而已。等到众人意识到清军大举来犯时，一切都已经晚了。郑成功急令右冲镇、右虎卫镇前往援助。但还等他们爬到山上，左先锋镇已经溃败，前冲镇蓝衍也战死阵中。

得胜的清军乘机冲下山，包围了伏在山内的中提督、五军等部。众人死战不得突围，相继阵亡。左武卫、左虎卫在山下整军死拼，但大势已去，独立难支，不久也被歼灭了。后提督堵御大桥头，遭到清兵首尾夹击，也被歼灭。

郑成功见败势已定，只得指挥军队撤退到船上。清军水师这时也攻击过来，左冲镇一面堵截反攻，一面保护其他官兵撤离。清军见郑军上了船，这才放弃追击。

当晚，郑成功传令各部撤往镇江，并让左冲镇、宣毅后镇殿后。大军撤到镇江后，郑成功令各营清点人数，这时才发现：17万大军死伤过半，大将甘辉、万礼、林胜、陈魁、张英、蓝衍，副将魏标、朴世用、洪复，户官仪卫等人，皆下落不明，多半已经战死了。

至此，郑成功的第三次北伐以失败结束。面对这样的结果，郑成功不觉放声大哭道：

"今日惨败，实乃我一人的罪过，成功有何面目再见东南父老！"

在郑成功北伐失败的同时，永历政权也遭到了清军毁灭性的打击。南明控制的云南、贵州等地相继落入清军之手，永历帝也仓皇逃往缅甸。如此一来，能对清朝统治构成威胁的就只有郑成功这一支力量了。

清廷腾出来手后，便不再以和谈来争取郑成功了，而是采取强硬态度，企图一举将其歼灭。在这种背景下，清朝在江南和东南沿海地区发动了一场规模浩大的清洗活动。江南各州府县迎接郑军的官民悉数被杀。一时间，江南各地陷入一片腥风血雨之中。广大江南士民盼望恢复，怀念故国之心，遭到巨大打击，从此死灰再也难于复燃了。

郑成功陷入了极为被动的境地。在军事上，郑军已经完全成为一支孤军；在政治上，他们又失去了百姓的支持。在这种情况下，要想完成反清复明的大业，简直比登天还难！

（四）

郑成功在镇江逗留了一段时间，见清军越集越多，料知无法取胜，便缓缓退到海上，休整部队；又派部将分守温州、台州、舟山等地，休养训练。他自己则领兵退到厦门，招募士卒，修整船只，备造军器，准备再战。

通过三次北伐，郑成功已经清醒地意识到：反清复明绝不是一朝一夕能够完成的。而且，随着清朝建设水师的步伐加快，厦门、金门、舟山等地也无法长期固守。要想打赢这场长期战争，就必须找到一块更为可靠的根据地。于是，郑成功将目光转到了郑氏家族的发家之地——台湾。

不过，台湾虽然是郑氏家族的发家之地，但郑成功并没到过那里，对那里的情况也不大了解。为了掌握确切的情况，郑成功悄悄派人潜入台湾，搜集荷兰人的情报，为其制定攻台计划。

顺治十六年底，郑成功获知：岛上的荷兰海军只有1800余人，分别部署于热兰遮和普罗文查。郑成功大喜，遂考虑派遣前提督黄廷、户官郑秦督率援剿前镇、仁武镇前往台湾，赶走荷兰人，收复台湾。

顺治十七年（南明永历十四年，1660年）初，郑成功在厦门督练兵马，祭祀阵亡将士、安抚阵亡将领家属，厚给抚恤，议定南京战役的功罪，使人心渐渐稳定，兵力又有所恢复。这一切都为他日后收复台湾奠定了基础。

不过，清军在这段时间也没闲着。顺治帝以内大臣素达为安海将军，与浙闽总督李率泰合兵一处，准备攻打郑成功的水师基地——厦门。

三月，正在练兵的郑成功获悉：清将素达已抵泉州，正在休整水师，准备攻打思明。

郑成功大惊，立即命令部队加强防守，准备和清军厮杀。为解除将士们的后顾之忧，他又命令将士们将家眷全部接到金门。

四月初，郑成功已经做好了一切战争准备，而清军此时才刚刚备好战船。

南京战役之后，不少郑军士卒都对清军存有畏惧心理，士气低落。郑成功看在眼里，急在心里，立即召集诸将商议对策。将领们认为，当务之急是要让士卒们明白自己的长处和清军的短处。郑成功深以为然，随即发布了一道谕令。他在谕令中指出：

"清军善陆战，而不善水战，瓜州、镇江大捷已足以说明一切。此次，清军弃马之长技，而与我等争衡舟楫之间，必然大败！"

士卒们读了郑成功的谕令后，才稍稍安心。

郑成功的分析无疑是正确的。清军水师不但船小人少，且所用之人大多是郑军降将，如施琅、黄梧等人。从这些方面来看，郑军的优势非常明显。

四月二十六日，清军200余艘船只扬帆起航，开往厦门附近。郑成功已经做好了一切准备，只等着清军来攻了。

五月初，李率泰、素达、施琅、黄梧等人开始合力进犯厦门、金门等地。郑成功不慌不忙，率领诸将在海上兜圈子，牵着清军的鼻子走。

五月初十，郑成功估计清军士卒已被转晕了，遂下令全力攻击。双方在海面上展开了激战。

中午时分，郑成功站在中军舰上，一手拿着指挥旗，一手拿着宝剑，问左右将领：

"海面是否已经平静了？"

诸将回答说：

"平静了。"

郑成功胸有成竹地说：

"海流平静就潮转，潮转风就随之而转。"

于是，郑成功令部队缓缓退到下风向。清军见状，个个迷惑不解。素达则大喜道：

"郑军转到下风向，简直是自寻死路。"

说着，素达令大军全力上前，和郑军厮杀。

在海上作战，掌握风向十分重要。谁处于上风向，谁就占据了有利地位。因为处于上风向不但船只速度快，发射出去的箭、子弹，射程和命中率也比下风向高。

不料，清军还没等靠近郑军，风向就变了。原来的上风向变成了下风向，原来的下风向变成了上风向，清军顿时大乱。

而郑成功则急令士卒全力前进，猛攻清军的船只。素达所部大乱，被郑军打得落花流水，死伤无数。李率泰急忙前往支援，结果被郑成功派出的两支船队截住厮杀。处于下风向的清军不敌，再加上船只摇晃严重，相互碰撞，损坏无数，不久就败下阵来。

素达、施琅等人慌忙退军，但还是晚了一步。等到登陆时，他们清点人数才发现，大军竟损失了十之六七。此后，素达、李率泰等人再也不敢进犯厦门了。

六月，郑成功派使者去见素达、李率泰，并送去妇人穿戴的衣帽，意为嘲讽他们胆小、不敢对战。素达、李率泰虽然怒不可遏，但又无可奈何，只好忍气吞声。

这时，清廷又不断逼迫素达等人出兵。素达承受不住巨大的压力，不久便在福州吞金自杀了（一说一直活到康熙年间，得了善终）。

　　有一次，郑成功率部在今天的台中县大甲镇铁砧山巡守，突然迷路，口渴难耐。郑成功拔剑，向天祝祷说："上天如果助我，此剑插地，必得甘泉。"说着，郑成功将宝剑插入地里，果然得到了一股甘甜的泉水。后来，台湾同胞就将这里称为"剑井"。

第十六章　另谋大业

闻道吾王赋式微，哀哀二子首阳薇。频年海岛无消息，回顾苍茫泪自挥。

——郑成功

（一）

郑军虽然打赢了厦门保卫战，暂时保存了基本力量，但整个形势对郑军依然极其不利。尤其是黄梧向清廷献"平海五策"之后，郑军的处境更加不妙。黄梧熟知福建沿海和郑军内部的情况。他知道，郑成功之所以能在金、厦地区立于不败之地，很大程度上都得益于福建、浙江沿海居民的支持。如果没有百姓的支持，别说粮饷无法筹措，就是损坏的船只都没办法修整。

黄梧"平海五策"正是为切断郑成功与沿海居民的联系而提出的。"平海五策"的具体内容是：

第一，断绝沿海人民对郑成功的接济，将沿海30里（15千米）之内居民全部迁入内地，不许百姓在沿海居住。这一工程虽然浩大，但却有效地切断了郑成功与沿海的联系，使郑军失去了后勤补给。

第二，烧毁沿海的所有船只，河流入海口处不准运输木材，即所谓的"寸板不许下海"。这一条计策更狠。没有木头，郑成功就无法打造船只，就连损坏的船只也没办法修理。

第三，郑成功之父郑芝龙虽然在京受押，但仍通过南来北往的客商与郑成功时通消息，"宜速究此辈"。

第四，分布在各处的郑氏家族坟墓应全部予以毁掉。这一计策明显是出于黄梧和郑成功之间的私人恩怨。国人素来重视"入土为安"和祭祀祖先，黄梧的这一条计策虽然看起来对郑军并没什么损害，但却在精神上给了郑成功沉重的一击。

第五，东南沿海投诚清军的官员散居在各府州县，倘若从中捣鬼，又会给地方造成祸乱。可将投诚的官员迁往各省，进行分垦荒田，不但可以解散他们内在的不良联系，还可以开拓疆土之内的地方，富足国库的收入。

顺治帝毫不犹豫地采纳了黄梧的"平海五策"，并派遣兵部尚书苏纳海到福建监督执行。

"平海五策"的实施完全切断了郑军与沿海百姓的联系，极大地打击了郑成功的反清复明大业。郑成功清醒地意识到：要想恢复大明王朝，唯一的办法就是赶走荷兰人，收复台湾，以其为反清复明的基地。

恰好，何斌在此时从台湾来投，带来了台湾的山川地形图和荷兰侵略者的兵力情况。原来，何斌返台后颇受荷兰人的器重，被任命为税务官，专门负责征收商税。何斌趁机扣留下荷兰人入库银数十万两。不料，此事被荷兰人发现了。何斌虽然以贿赂等手段保住了性命，但此后却无法再长期留在台湾。

在这种情况下，何斌决定迅速采取行动。于是，他派人暗测鹿耳门港道，并绘制沿岸地图，准备献给郑成功以作攻台之用。大员湾（又称安平湾，今台湾台南附近海湾）入口处有南北两条航道：南航道（俗称大港）港阔水深，大船可以自由出入，但却完全处在荷兰热兰遮城堡密集炮火的控制之下；北航道（俗称鹿耳门）夙有天险之称，港门狭窄，沙石淤浅，航路迂回，一向只能通行小舟，荷兰人没有设防。

不过，经过溪流和潮汐的长时间冲刷，港内逐渐形成了一条可以航行大船的港道。这一点首先为当地渔民所发现，何斌又进一步测绘成图。后来，郑成功攻台的船队就是依据这一份航图，并由何斌和澎湖渔民领航入港的。

当时，何斌处于荷兰侵略者的严密监控之下，想要逃走并不容易。顺治十七年末，荷兰人迎来了他们的新年（1661年元旦）。晚上，荷兰人大张筵席，载歌载舞，好不热闹。何斌也趁机大张花灯、烟火、竹马戏、彩笙，广邀歌妓，穷极奇巧，请荷兰总督揆一与高山族酋长们赴宴欢饮。

荷兰人哪见到过这等场面？个个都十分好奇，慨然应诺。何斌趁机令人秘密安排了一艘双帆并艍船，停泊在附近。到了半夜潮将落之时，何斌假装不胜酒力，做出腹部绞痛难忍的样子，要去上厕所。

荷兰人正在兴头上，没有丝毫防备。何斌趁机由院子后门下船，飞驶到厦门，叩见郑成功。

（二）

郑成功闻知何斌从台湾来投，慌忙接入。此时，他正在考虑收复台湾，将其作为反清复明的永久基地。

郑成功和何斌寒暄了一番后，立即进入正题。郑成功问道：

"先生此来可有攻台妙计？"

何斌回答说：

"台湾沃野数千里，实在是可以称王称霸之地。如果国姓爷能取下台湾，必可雄其国；使人耕种，又可丰衣足食。再者，台湾的矿产也十分丰富。鸡笼、淡水一带，用于制造火药的硝磺遍地都是。且台湾横绝大海，地理位置优越，可以大兴海外贸易，桅舵、铜铁不忧乏用。如果国姓爷移诸镇兵士眷口于其间，十年生聚，十年教养，而国可富、兵可强，进攻退守，何愁反清复明大业不成呢？"

郑成功闻言大喜，但立即又陷入忧思之中。他眉头紧蹙，缓缓书道：

"郑某早有取台湾之心，奈何山川地理不熟，岛上又无人接应，恐难成事。"

何斌忙从袖中掏出一张台湾的山川地理、荷兰兵力分布、炮台设置的地图递到郑成功手上。郑成功展开一看，大喜道：

"先生真乃神人也！"

何斌笑道：

"台湾乃我中华之地，怎能让红毛久占呢？适才国姓爷说，岛上无人接应，依何某看来，此言差矣！岛上的红毛不过千余人，再加上黑人奴隶也不过两千余人。而我中华居民早已超过10万，他们日夜都在盼望着赶走红毛。国姓爷如果出征台湾，岂能无人接应？"

郑成功觉得何斌说得有理，便日夜研究台湾的山川地形图，思考进兵之策。顺治十八年（南明永历十五年，1661年）正月，郑成功下令各镇大修船只，准备出征台湾。

诸将闻知郑成功要攻打台湾，个个大惊不已。台湾虽然是郑氏家族的发家之地，但到郑成功这一辈，到过台湾的将士并不多。当时，诸将中唯有吴豪曾到过台湾。他立即和诸将一起来到中军大帐，对郑成功说：

"闻听国姓爷要攻打台湾，末将特来献策！"

郑成功大喜道：

"将军到过台湾，必有妙计！"

然而吴豪却说：

"哪里有什么妙计？台湾风水不好，内地士卒到那里往往生病而亡。国姓爷何必要这样做呢？更何况，台湾各港口水浅风大，大船根本无法泊岸。"

郑成功反问道：

"风水不好，大船无法泊岸？那红毛是如何在台湾立足的呢？他们是万里之遥的西方夷人，尚且能在台湾立足，何况我等中华之人呢？"

诸将见郑成功下定主意要打台湾，个个面露难色，但又不敢直言反对。众人你看看我，我看看你，场面显得十分尴尬。

这时，前提督黄廷站出来对郑成功说：

"启禀国姓爷，吴将军到过台湾，对那里的情况比较了解。既然他说不宜出兵台湾，大概不会有错！"

郑成功心下不快，说道：

"尔等都是久经沙场的老将，为何今天说起这等丧气话来？台湾是我中华之地，岂能让红毛久占？大家不必多言，出兵台湾之事，我心已决。接下来，你们就商量一下用兵之策吧！"

大将马信站出来说：

"启禀国姓爷，为安稳起见，不若先派一支部队前往台湾探望。如果可取，则大军立即跟进；若荷兰人防御坚固，则再讨论。"

陈永华也站出来说：

"马将军所言极是。"

协理中军戎政（军事行政官）杨朝栋也支持攻打台湾。郑成功这才转怒为喜，大笑道：

"好，就这样定下来了。台湾之地不久必能重归我中华所有。"

（三）

台湾沦为荷兰的殖民地之后，当地的汉人和土著居民在政治和经济上都遭到了沉重的剥削。起初，郑芝龙留在台湾的一小部分部队尚能在一定程度上威慑荷兰侵略者。但随着时间的推移，郑芝龙将主要精力放在福建方面，台湾居民便完全沦为荷兰侵略者"刀俎"上的"鱼肉"了。

荷兰侵略者的残酷统治也曾遭到过汉人和当地高山族人的坚决反抗。目加溜湾社、新湾社、麻豆社等高山族同胞曾先后发动武装起义，企图赶走荷兰侵略者。但由于组织不力，再加上武器装备落后，最终都被荷兰侵略者镇压下去了。

狡猾的荷兰人接受了这些教训，便加紧在高山族居民中间传教，进行文化侵略，妄想麻痹人民的斗争意志。与此同时，他们还不断挑拨高山族同胞与汉族居民之间的关系，企图转移社会矛盾。

顺治九年，以郭怀一为首的汉人起义再一次沉重地打击了荷兰侵略者的嚣张气焰。郑芝龙投降清朝之后，郭怀一便成为当地汉人的首领。他领导汉人居民在台湾永康地区种植麻、米、蔗糖等经济作物，逐渐建成了一个小村落，取名油车行村。

顺治七年，台湾遭遇天灾，蔗糖业不振，百姓损失惨重。荷兰侵略者不但不予减税，还肆意加重百姓的负担，终于引起了汉人居民的不满，意图起事。郭怀一自然而然地成为起事的首领。

郭怀一等人秘密准备了两年之久，准备在顺治九年秋发动武装暴动，攻打热兰遮，捣毁侵略者的巢穴。顺治九年八月初五，郭怀一邀请附近村庄的好友和首领到家里商讨起义的具体事宜。

众人决定在八月十五日这天，即汉族人民传统的中秋佳节举行起义。起义的具体安排是：由郭怀一出面邀请驻守热兰遮的荷兰将领赴宴，乘机在席间杀掉他们。然后起义军假装护送荷兰长官回去，骗开城门，一举捣毁侵略者的巢穴台湾城。

不料，这一计划被郭怀一的弟弟郭保宇透露给了荷兰人。郭怀一闻讯大惊，当即决定提前起事。

八月初五夜里，郭怀一率部攻打热兰遮。但终因寡不敌众，郭怀一当场战死，余部撤往沤汪（今台湾高雄县大湖乡）。荷兰侵略者立即集结重兵，前往剿杀。10天后，郭怀一起义被镇压下去。

恶毒的荷兰侵略者还以惨绝人寰的手段对付起义群众，屠杀了8000

名汉人，其中包括大量无辜的妇女和儿童。最后，他们采用肢解起义领袖的方式向未死的中国人示威。

郭怀一领导的起义虽然失败了，但却大大打击了荷兰侵略者的嚣张气焰。有资料指出，郑成功热情支持郭怀一的起义。不过据当时的情况来看，这种可能性不太大，因为郑成功当时正忙于寻找稳固的军事后方。

郭怀一事件平息4年后，负责镇压这次起义的荷兰头目孚尔堡在给荷兰东印度公司设在巴达维亚（今印度尼西亚雅加达）的总部报告中谈到：

"我不得不承认，我很害怕汉人与高山族人再次起义。我常常为此整夜整夜地睡不着。据我估计，台湾岛居民数目超过10万。除此之外，每天还可以看到各式华人成群结队而来，他们很容易跟土著（指高山族）勾结，发动阴谋。"

孚尔堡听说郑成功是郭怀一起义的直接支持者后，更加害怕。他后来招认：他非常害怕这时正在东南沿海发展壮大的以郑成功为中心的武装力量。他说：

"当我在台湾，一想起可能将不幸落在我们身上的那个人（指郑成功）时，我的头发就不由自主地直立起来。"

荷兰东印度公司一直都以殖民者惯用的手段统治着台湾，让台湾人民苦不堪言。他们都热切地期望能有人站出来，领导他们赶走荷兰人。但本土的几次失败后，大家的信心都遭到了沉重的打击，同时也都以为：除非郑成功打过来，否则中国人不可能打败荷兰侵略者。

（四）

顺治末年，驻守台湾的荷兰东印度公司的军事长官为揆一。顺治十七年之前，揆一曾领着1200余名荷兰海军驻守热兰遮城。驻守普罗文查的荷兰人有600多名。两城相加，荷兰兵力不过1800余人。

顺治十七年初，荷兰侵略者逐渐加强了岛上的守备力量。此时正值郑成功第三次北伐失败不久。一些有识之士判断，郑成功为获取稳固的后方，必定会攻打台湾。这一消息不胫而走，台湾的汉族商人陆续将财产转移到大陆，同时减少了开往台湾的商船。

荷兰商馆觉得蹊跷，便召集汉族商人打听消息。荷兰人闻知郑成功要打台湾，个个惊慌不已。揆一立即召开军事会议，商议对策。也不知道揆一是根据什么依据判断的，竟然说：

"郑成功必定在3月（当时，西方人用公历，中国用阴历，相差约一个月）底出兵。"

根据这一判断，荷兰人立即整军备战。为防止台湾居民接应郑军，荷兰人禁止中国人在普罗文查贩卖粮食，所有首领必须进入热兰遮城暂住（实际上是软禁），田间未及收割的稻谷一律焚毁。

荷兰侵略者的暴行再次引起台湾居民的不满。顺治十七年春，台湾爆发了多次小规模的反侵略斗争。揆一不得不率人荷枪实弹地四处镇压。

二月中旬，揆一向荷兰东印度公司驻守巴达维亚城的总督报告，请求援军。巴达维亚总督答应了揆一的请求，派遣外号"固执约翰"的司令官范德兰率领12艘军舰和1453名官兵，开往台湾。

巴达维亚总督指示范德兰说：

"从巴达维亚出兵台湾，路途遥远，开支浩大。如果郑成功不打台湾的话，此行损失就大了。为了弥补财政损失，你必须率领舰队去攻打澳门。"

范德兰大笑道：

"请总督大人放心，如果郑成功不来，葡萄牙人就要遭殃了！"

顺治十七年八月，范德兰舰队中的11艘抵达台湾。范德兰了解形势之后，认为郑成功根本不会前来攻打台湾。于是，他抵台不久后便要去攻打澳门。揆一等人懊恼不已，和他发生了激烈的争执。

九月，荷兰人召开评议会，商讨此事。揆一和范德兰再次爆发激烈的争执。最后，在众人的建议下，他们才决定遣使前往厦门求见郑成功，一探虚实。

十月，荷兰使者带着覆信回到台湾。郑成功在信中向荷兰人表达了善意，并否认即将攻台。

范德兰大喜道：

"看吧，先生们，我早就说过郑成功不会攻打台湾的，现在你们总该相信了吧！"

揆一不满地说：

"我说，亲爱的先生，难道你不知道什么叫军事欺骗吗？这是赤裸裸的军事欺骗！郑成功早晚都会来的。"

范德兰反唇相讥道：

"你早说过他要来，但他在哪里呢？郑成功根本不会打台湾，他正在和中国皇帝打仗，没时间来这里。"

这场争论持续了很久。到顺治十八年正月，也就是郑成功下令整修船只，准备攻打台湾之时，范德兰终于忍无可忍，带领所有随行军官返回巴达维亚去了，只留下4艘战舰和600名没有指挥官的士兵。

范德兰的离去为郑成功收复台湾创造了一个有利的条件。此时的揆一也动摇了，他开始怀疑自己的观点，甚至内心深处也承认范德兰才是正确的。这样一来，荷兰侵略者的防务也开始有所松懈。

第十七章　挺进台湾

天以艰危付吾侪，一心一德赋同仇。最难忠孝两难尽，每忆庭闱涕泗流。

——郑成功

（一）

顺治十八年二月，郑成功率领众将士在金门"祭天""礼地""祭江"，举行了隆重的誓师仪式。三月初十，他率部开往料罗湾，传令诸将待风进军。郑成功的父亲郑芝龙曾聘用外国工程师仿造西班牙、葡萄牙和荷兰人的军舰。但经过数十年的征战，那些高大、坚固的船只已经所剩无几。

到顺治末年，郑军所用的大部分战船都是木板帆船，即所谓的"舢板"。这种船不但行驶速度缓慢，而且受风向影响极大。在这一点上，荷兰侵略者占尽了优势。他们的战舰俗称"夹板船"，高大坚固，甲板上有5个桅杆，帆樯可八面受风，受风向影响较小。

如果荷兰侵略者趁郑军在料罗湾待风之际发动突袭，郑成功就危险了。要知道，对荷兰军舰来说，从台湾到料罗湾只需不到一天的航程。但幸运的是，荷兰人并不知道郑军攻打台湾的具体计划。

三月二十三日，天晴晴朗，艳阳高照，海面上风平浪静，非常适合航行。郑成功大喜，亲率第一梯队2.5万余人开赴澎湖。海面上很安静，安静得有点令人害怕。郑成功站在甲板上，望着一眼看不到边际的大海，思潮万千。他默默祈求上苍，希望未来两天能有个好天气，以便他们能顺利进军，赶走荷兰人。

第二天早晨，郑军第一梯队渡过台湾海峡，陆续抵达澎湖列岛。郑成功立即率部到各岛巡视。他发现，澎湖列岛虽然很小，但战略地位十分重要。此处据台湾只有52海里（约96千米），如果顺风的话，只需一两个小时就能将船驶到台湾。但如果遇到逆风，那就麻烦了。

无奈天不遂人愿，当郑军抵达澎湖列岛的次日，海上就刮起了暴风，船只无法下海。郑成功十分焦急。按照何斌的说法，从厦门到台湾只需一昼夜的时间，所以郑军所带的粮食并不多，只够数日之用。如果在澎湖耽误太多时间，大军就可能会被饿死大半。

三月二十七日，海面稍稍平静了些。郑成功立即下令：全速前进，直扑鹿耳门。然而当船队抵达柑橘屿（今东吉屿、西吉屿）海面时，突然起大风，船只颠簸不停，将士们苦不堪言。柑桔屿由东、西二屿组成，中间隔一水，是往来航行的标志。

郑成功远远望见柑桔屿，心里正高兴不已。大风一起，他顿时失落起来。怎么办呢？虽然柑桔屿距离台湾的鹿耳门已经不远，但若强行逆风行驶，很可能会落个船毁人亡的下场。郑成功沉思片晌，果断下令：

"立即回航，返回澎湖列岛，以待时机。"

船队回到澎湖列岛后，郑成功所做的第一件事就是派人四处征粮。很快，澎湖列岛36个屿内的首领都到齐了。众人一听说要征粮，纷纷诉苦道：

"启禀国姓爷，澎湖乃穷乡僻壤，并无田园可种禾粟，只有蕃薯（即红薯）、大麦、黍稷等可供食用。就是这些东西，各家所存也不多，恐怕还不够大军一餐所需。"

郑成功闻言，心中暗暗叫苦。无奈，郑成功只好令各位首领回到本屿，向各家征些可食之物，暂解燃眉之急。与此同时，他又下令炊事部队减少饮食供应，尽量节约粮食。三月二十九日傍晚，炊事部队前来报告说：

"所带军粮已经消耗殆尽，从澎湖36屿所征之粮不足百石，尚不够大军一餐所需。"

郑成功十分着急，带着几名亲兵来到海边，迎着呼啸的北风，站了很久。突然，天上又下起了雨，海上随之升起浓雾。郑成功沉重地说：

"岛上无粮，长此以往，必生变故，不如早些出兵。"

第二天一早，郑成功便下令所部整理战船，准备出发。到了晚上，一切准备完毕后，郑成功下令出发。随后，400余艘战船和2.5万余名将士迎着黑夜向台湾驶去。

（二）

郑成功率领诸将和风浪搏斗了半夜，终于在四月初一拂晓抵达鹿耳门港外。郑成功令诸将暂停在外沙线一带休整。外沙线是横亘于台湾外的一道沙线，浮在大海之上，刚好能挡住荷兰哨兵的视线。

诸将停稳之后，郑成功换了小船，由鹿耳门登上北线尾，察看地形，并派出精良的潜水健儿进入台江内海，侦察荷军情况。

当时，荷兰侵略者已经获悉郑成功打算攻打台湾的计划了，但由于海上的天气恶劣，他们判断郑军不会这么快，至少不会在四月初登陆；再加上他们已在鹿耳门一带水域沉了破船，以为此处万无一失，所以防备不但没有加强，反而有所松懈。

实际上，鹿耳门水域早已被潮水冲出了一条又宽又深的航道。关于这一点，何斌早已在献给郑成功的台湾山川地形图中标明了。每逢每月初一、十六这两天大潮时，鹿耳门的水位还要比平时高出一米有余，大小船只均可驶入。郑成功从澎湖冒风浪而进，正是为了在初一大潮时渡过鹿耳门。

四月初一中午，鹿耳门海潮果然大涨，郑成功立即命令众将士按图迂回而进。郑军大小战舰顺利通过鹿耳门后，立即兵分两路，一路登上北线尾，一路驶入台江，准备在禾寮港（今台南市禾寮港街）登陆。

台湾城上的荷军原以为中国船队必从南航道驶入，忙于用大炮拦截，未料到郑成功却躲开了火力，船队从鹿耳门驶入台江，在大炮射程之外。荷兰侵略者面对浩浩荡荡的郑军船队，"骇为兵自天降"，顿时束手无策。

郑军船队沿着预先测度好的港路鱼贯而入，切断了热兰遮与普罗文查两城荷军的联系，迅速于禾寮港登陆，并立即在台江沿岸建立起滩头阵地，准备从侧背进攻普罗文查。在北线尾登陆的一支郑军驻扎于鹿耳门，以牵制荷兰侵略军兵船，兼防北线尾。

台湾居民闻知国姓爷率大军前来攻打荷兰侵略者，都争先恐后地出来迎接他们，用货车和其他工具帮助他们登陆。郑成功目睹这感人的场景，心中百感交集。根据荷兰方面的记载，郑成功的登陆行动至少得到了2.5万名汉族和高山族同胞的帮忙。这一点表明，郑成功收复台湾之役得到了广大台湾人民的热烈欢迎。

郑军在台湾同胞的帮助下，迅速包围了普罗文查城。当时，普罗文查内的荷军只有400余人，另外200余人分布在台湾各地，仓促间无法回援。龟缩在热兰遮城中的揆一属下兵力约有1100人，战舰和小船各两只，另有百余人在台湾各乡镇守。

荷兰人的兵力虽然无法与郑军相抗衡，但气焰却十分嚣张。揆一手下有一个名叫托马斯·贝德尔的上尉。此人曾率部镇压过郭怀一的起义。据说，在镇压郭怀一起义过程中，荷兰人仅仅动用了二三百名士兵，就将七八千人的起义军打得晕头转向。

且不说这一数据的真实性和出处，但荷兰侵略者坚定地认为，一个荷兰士兵足以对付25个中国人。托马斯·贝德尔曾说过：

"中国人是经受不住火药的气味和毛瑟枪的响声的，第一次攻击后，只需其中少数人被射倒，其余的便立即逃跑，造成全面的溃败。"

揆一也深信这一点，所以，他妄图凭借坚船利炮和和坚固的城堡，分三路向郑军实施反扑：由战舰攻打停泊在台江的中国船只；由贝德尔上尉率240人攻打从北线尾登陆的郑军；由阿尔多普上尉率200人乘船增援普罗文查。

从当时的情况来看，揆一做出这样的军事部署是很正确的。不过，他忘了他的对手是郑成功。

郑军在禾寮港登陆扎营后，普罗文查内的荷军便开炮迎击。与此同时，城中又出来数十名精锐，携带火种，突出城外去焚烧郑军的马厩和粟仓。

郑成功担心粮草被焚，立即令杨英等率军前往看守堵御。聪明的杨英用化整为零的办法，将粮草分为数万份，令士卒们各领一份，自行保管。士卒们为了自己的口粮，自然奋勇上前，不一会儿就把粮食藏好了。

接着，郑成功又根据当前的情况调整了部署：令左虎卫王大雄、右虎卫陈蟒率领统船控制鹿耳门海口，以接应第二梯队登陆；令宣教前镇陈泽率兵防守北线尾一带，以保障主力侧后安全，并置热兰遮城荷军于腹背受敌的境地；另派兵一部监视台江江面，切断普罗文查与热兰遮的联系。

（三）

四月初三，揆一见郑军北线尾官兵防备相对松懈，立即派人向郑军冲来，同时在海面上也对郑军发动了攻击。郑成功立即令陈泽等人率部迎战。贝德尔上尉也亲率240人，手持火枪，向郑军冲来。

这个狂妄的殖民主义者令荷兰士兵以12人为一排，排成整齐的方队，神气十足地冲向郑军。当他们到达足够近的距离时，就同时发射三排子弹。

陈泽手下有4000多名士卒。他知道，如果以血肉之躯去挡荷兰人的火枪，自然要吃亏。不过，贝德尔的战术太过呆板，不足为惧。因此，陈泽一边率领数十名骑兵左冲右突，向荷兰士兵射箭，分散他们的注意力；一边派百余人悄悄迂回到荷兰人的背后，发动突袭。

贝德尔步步紧逼，自以为胜券在握，不料郑军突然从背后杀出，射出的箭遮天蔽日，不少荷兰士兵当场毙命。贝德尔发现自己腹背受敌，有些沉不住气了。他手下那些高大的西方人也从未见过这样的阵势，顿时慌乱起来。陈泽趁机率部冲上去，用马刀砍杀敌军。

贝德尔急令部下自由开火，但一切都已经晚了。慌乱的荷兰人只顾逃命，根本顾不上开枪射击。仅仅数十分钟，战斗就结束了。贝德尔上尉和118名士兵当场毙命，另外百余名士卒侥幸逃脱，退回到热兰遮城。

同时，阿尔多普上尉所领的200人也在战斗中被歼灭了60余人。阿尔多普上尉率部乘船沿台江南岸驶往普罗文查，企图为普罗文查解围。郑成功发现后，立即出动"铁人"军还击。他们双手挥舞大刀（荷兰人称为"豆腐刀"），奋勇向荷军砍去。200多名荷军士兵只有60名爬上岸，其余当即被"铁人"军消灭，阿尔多普率残部逃回热兰遮城。

海上的战斗打得也十分激烈。荷兰人出动了仅有的两艘战船——"赫克托克"号和"斯格拉弗兰"号，以此作为水上战斗的主力。为一举击溃郑成功的水师，揆一又派出小帆船"白鹭"号和快艇"玛利亚"号，辅助两艘大船进行战斗。

王大雄、陈蟒立即率领60艘战船迎战荷兰水军。从装备上看，荷兰海军占有很大的优势。他们的军舰长约100米、宽20米，船板厚0.67米多（用圆木制造的），非常坚固。而郑军的帆船仅有荷兰军舰三分之一大小，且全是用木板制造的"舢板"，远不如荷兰军舰坚固。

更为致命的是，荷兰军舰每艘都装有大炮二三十门，而郑军的战船仅装有两门大炮。如果只拼火力，郑军必败无疑。但决定战争胜负的因素很多，装备只是其中之一，指挥官的素质和士卒的斗志也十分重要。

再说，荷兰军舰虽然高大、坚固、火力威猛，但也有缺点，那就是在狭小的港内行动不便，容易搁浅；郑军的战船虽小，但它却灵活、机动，适宜在相对狭小的水域上作战。

"赫克托克"号首先开了出来，向郑军开炮。王大雄、陈蟒立即挥动令旗，指挥战船围堵。"赫克托克"号火力威猛，迅速击沉了数艘舢板船。狂妄的荷兰侵略者见状大笑道：

"我们让他们知道什么才是真正的战舰！"

但郑军士卒并没有被荷兰人的火力吓倒，他们依然毫不畏惧，勇往直前，将"赫克托克"号团团围了起来，从四面向其开火。"赫克托克"号渐渐应付不过来了。

这时，王大雄等指挥数艘满载燃烧物的火攻船趁机贴近"赫克托克"号。随着王大雄的一声令下，火攻船上的士卒点燃了火种，纷纷跳水泅回。

"赫克托克"号四周顿时火光冲天，舰上的荷兰士兵发出了各种的怪叫声。忽然，"轰"的一声，"赫克托克"号上的火药舱爆炸了。爆炸的火光映红了半边天，这极大地鼓舞了郑军士卒的斗志。就这样，这艘荷兰军王牌战舰连同舰上的100多名兵卒军一起葬身海底了。

其他三艘荷舰见势不妙，急忙逃出场外。郑军紧追不舍，尾追"斯格拉弗兰"号和"白鹭"号展开接舷战、肉搏战。英勇的郑军士卒冒着敌人的炮火爬上"斯格拉弗兰"号，砍断船靠，又用铁链扣住敌舰船头斜桅，放火焚烧。荷兰士兵大惊，拼死抵抗，好不容易才挣脱逃走。

经此一役，除快艇"玛利亚"号逃往巴达维亚报信以外，"斯格拉弗兰"号和"白鹭"号都逃到了日本海域，再也没敢在台湾露面过。

第十八章　荷军投降

刘琨吹觱篥，数感胡人心。纵然日本地，岂乏汉家音。

——郑成功

（一）

气焰嚣张的揆一无论如何也没有想到，他们竟然在水陆大战中都输给了装备落后的郑军，这极大地挫伤了他的斗志。在郑军的顽强打击下，热兰遮和普罗文查完全成为了两座孤立无援的城堡。荷军方面事后承认：当时赤嵌城守军"力量单薄，处境危急"，"热兰遮城堡也由于地势关系，难以坚守，热兰遮市区更是完全处于敌军的包围和控制之下"。

获胜后，郑成功立即命令部队加紧对赤嵌城的包围。该城周围150米，高12米，城墙上有4座炮楼。阿尔多普出援失败，赤嵌城守敌越发着急，并多次派人前往热兰遮城，要求揆一再派百余人救援赤嵌城。

揆一犹豫不决，只好召开评议会研究，结果众人一致认为：赤嵌城处境危险，兵力不足，"如果再派出一支援军，则用以保卫热兰遮城堡及其周围地区的全部后备军将不足500名。而这支队伍又是由战斗力最弱、最缺乏作战经验的士兵组成的，所以决定拒绝普罗文查要塞司令的请求"。

四月初三晚些时候，几名郑军士卒在城外抓获了赤嵌城守将的弟弟和弟媳。郑成功很礼貌地接见了他们，并对他们说：

"台湾乃我中华之地，理应由我中华之人驻守。本藩向你们保证，只要你们投降，乖乖退出，绝对不加杀害。"

但是，贪婪的荷兰侵略者并不甘心退出台湾。经过商讨，他们向郑成功提出了两套方案。第一，他们拿出一笔赔款给郑成功，郑成功得到赔款后离开台湾，并允许荷兰船只自由通航。如果郑成功不同意这一条，荷兰人可以退一步，让出已被郑军控制的台湾本岛，但郑成功必须答应荷兰人可自由地航行于各处港湾。

荷兰人的这两套方案颇有些有恃无恐的意味。他们以为，作为"海上马车夫"的荷兰拥有强大的海上优势，郑成功必然不敢与荷兰东印度公司结仇。但事实证明，他们的如意算盘落空了。

郑成功在赤嵌城外的郑军大帐中接见了荷兰军谈判使者。通过翻译，郑成功了解了荷兰人的意图。他毫不客气地对荷兰使者说：

"东印度公司考虑的只是他们的利益，信中所表示的友好也是完全不可信任的。"

随后，郑成功又义正言辞说：

"台湾一向是我中华之地，贵军理应将其还给我们。关于此次进攻台湾，本藩没有任何义务向贵军解释。不过，本藩也没有必要向你们隐瞒什么。我之所以要占领台湾，就是为了同满洲人作战。"

荷兰军谈判使者还想说些什么，郑成功立即打断了他，继续道：

"虽然你们屡次虐待我们的百姓，但我们的目的并不是为了报仇，也不是想同东印度公司的军队作战。我们的目的只有一个，那就是收回自己的产业。贵军撤出台湾，可以带走自己公司的财产。就算是拆毁城堡，把枪弹和物资全部运回巴达维亚，也无不可。"

翻译官将郑成功的话如实翻译给荷兰军谈判使者听了，谁知那名使者傲慢地说：

"这就要问问我们手中的枪了！"

郑成功见荷兰使者如此狂妄，不禁大怒道：

"本藩不再重复刚才提出的要求，你们必须立即无条件执行，否则，我军将不惜一切代价将你们驱逐出去。到那时，你们不但要乖乖地撤走，还得负担全部费用。"

这下荷兰军谈判使者有些害怕了，他吞吞吐吐地说：

"这个……我做不了主，必须回去向我们的司令官汇报。"

郑成功沉思片晌，答应了使者的请求，并限令荷兰人在第二天上午做出回复。

台湾同胞闻知郑成功打败了荷兰人，都纷纷前来劳军。他们还自告奋勇地前往赤嵌城外围，切断城内的水源。赤嵌城失去揆一的支援，城里又断了水，城中守将无可奈何，只好于第二天上午乖乖出城投降了。

（二）

赤嵌城投降了，揆一顿时慌乱起来。他一面向巴达维亚总督求援，一面将市区的大炮移到要塞之内，企图顽抗到底。

热兰遮城是荷兰侵略者在台湾的统治中心，城堡坚固，防御设施完整。城周长达约667米，高约10米多，分为三层，下层深入地下约3.3米多，"城垣用糯水调灰垒砖，坚埒于石"。城四隅向外突出，置炮数十尊。荷军炮火密集，射程远，封锁了周围的每条通道。坚固的军事要塞加上手持先进装备的800余名士卒，荷兰侵略者还能坚持一段时间。

不过，形势依然不容乐观。一方面，赤嵌城已被郑军占领，热兰遮完全成了一座孤城，城内缺粮、缺水，荷军处境十分困难；另一方面，巴达维亚与台湾相去甚远，即便是巴达维亚总督同意支援台湾，援兵也要几个月后才能到达。到时候，热兰遮城早已在郑成功的控制之下了。

郑成功见揆一企图顽抗到底，立即指挥部队包围热兰遮城。四月初，双方爆发了几次小规模的冲突，每次都以郑军大获全胜而告终。揆一不敢轻举妄动，只好乖乖地缩回要塞里去了。

郑军的胜利极大地鼓舞了台湾同胞的反侵略热情。汉族和高山族同胞又自发地组织起来，袭击零星的荷兰船只，破坏他们的设备。高山族同胞的热情尤其高涨，他们听说国姓爷来了，便将高山族地区的荷兰人抓起来，按照民族习惯将其处死，群起清算侵略者的罪行。

郑成功对高山族同胞也非常友好。高山族的首领们前来拜会时，郑成功总是亲自相迎，还送一些台湾没有的物品给他们。到附近地观测地形时，郑成功还会亲自慰问聚居在高山地区的高山族同胞。

台湾同胞也给了郑成功极大的帮助。他们帮助郑成功找到了荷兰军储存在各乡的粮食，共得粟米6000石、粮3000余石，这极大缓解了郑军的缺粮之急，支持了郑军对城堡的包围。

此外，郑成功还俘虏了200余名黑人奴隶。他们都是被荷兰人强行押解到台湾，协助防务的非洲人。黑人奴隶人手一支火枪，子弹若干，这对增强郑军的火力具有很大的帮助。

四月十二日，郑成功写信给揆一，令其投降。揆一提出，荷兰人愿意支付郑成功巨额军事赔款，两家罢战。郑成功不允。

十天后，郑成功再次写信劝降。揆一十分惊恐，但依然拒绝了郑成功的要求。

郑成功大怒，遂调集28门大炮，于四月二十四日凌晨摧毁了热兰遮城的大部分胸墙。荷军于城上集中枪炮还击，并出城抢夺郑军大炮，但都被郑军的弓箭手击退。

在几次零星的战斗中，郑军虽然大获全胜，但也遭大了不小的损失。鉴于热兰遮城池坚固，强攻一时难以得手，且荷兰侵略者已经成了瓮中之鳖，郑成功下令停止攻击，实施"围困俟其自降"的战略。

四月底，郑成功令部将马信率兵扎营于热兰遮周围，围困荷军。其余各镇兵力则被他遣往台湾各处屯垦去了。

五月初二，郑军第二梯队6000人在黄安等将领的率领下，分乘20余艘大船，抵达台湾。如此一来，郑军的实力大增，粮饷也得到了充足的补给。从五月初五开始，郑成功命令所部在所有通向城堡的街道上筑起防栅，并挖了一条很宽的壕沟，围困荷军。揆一所部处境越来越艰难了。

随后，郑成功又三次写信劝揆一投降。揆一闻知巴达维亚总督即将派兵增援，拒绝投降。

五月二十八日，荷兰东印度公司巴达维亚总督闻知台湾方面的战况（实际上是四月初的战况），慌忙拼凑了700名士兵、10艘军舰，由雅科布·考乌率领，前来增援热兰遮。

事实上，这700名士兵尚不够补充赤嵌城和热兰遮城的兵力损失，更别说打败郑成功的数万大军了。但考乌却不这样认为。自命不凡的考乌认为：荷兰海军船坚炮利，武器先进，之所以会遭遇失败，完全是因为指挥官的愚蠢。也就是说，如果让他指挥的话，完全可以用1500余人的兵力打败郑成功的数万大军。

（三）

考乌率领他的部队在海上逆风而行，颠簸了一个多月，才于七月十八日抵达台湾海面。大意的考乌立即命令士卒登陆迎战，不料风浪太大，10艘军舰中只有5艘驶到岸边，但尚未与郑军交火，"厄克"号军舰就触礁沉没了。舰上的士卒企图跳水逃生，全部被守在岸边的郑军士卒所俘。

起初，郑成功不知道荷兰人的援军有多少人，心里颇为忐忑。当俘房告诉他，考乌手下只有700人时，郑成功大喜，立即着手部署围城和打援计划。

七月二十一日，揆一等人决定利用增援的舰队将郑军逐出热兰遮地区。考乌分兵两路，一路从水路进攻，一路从陆路进攻。在海上，荷兰军舰企图迂回到郑军侧后，焚烧郑军的船只。很显然，这是在模仿郑军水师贴身近打的战术。在这方面，郑军是荷兰海军的老师，因此自然不会轻易上当。

郑成功令船队潜伏在岸边，围成一个半圆形的包围圈，伺机而动。当荷兰军舰闯入埋伏圈后，郑军水师万炮齐发，全力射击。荷兰人猝不及防，被打昏了头。

战斗仅仅持续了一个小时，荷兰海军就损失了两艘大舰和三艘小艇。荷兰侵略者的人员伤亡情况也颇为严重。据荷兰方面公布的资料统计，考乌舰队在此役中损失了一个艇长、一个尉官、一个护旗军曹和128名士兵，另有百余人负伤。

在陆上，荷军的进攻同样遭到失败。此后，荷军再也不敢轻易与郑军交战了。

热兰遮城被围困数月，伤亡惨重，军粮也日益减少，不少士兵都病倒了，甚至连拿枪的力气都没有。揆一伤透了脑筋，怎么办呢？如果情况继续恶化，他们除了向郑军投降，别无出路。

但揆一虽然很狂妄，却不是个笨蛋。在最无奈时，他突然想到建立一个攻守同盟的办法。此时谁最想消灭郑成功呢？当然是清廷。于是，揆一便打算和清廷联合攻打郑军。

十月，揆一遣使前往福建，要求和清军建立攻守同盟。清军很乐意和荷兰人合作，但他们并不打算攻打台湾。对清廷来说，攻占台湾是下一步要考虑的事情，当前他们最想攻占的是厦门。

因此，清军方面也提出了一个要求，即荷兰人必败先配合他们打下厦门，然后他们才会配合荷兰人把郑成功从台湾赶走。

揆一无可奈何，只好派雅科布·考乌率领漂泊在海上的三艘战舰、两只小艇前去攻袭厦门。

郑成功从俘虏口中得知这一情况后，立即改变了战略、战术，命令各部立即进攻热兰遮，以便在清军和荷军巴达维亚方面的援军抵达之前攻下此城。遗憾的是，由于长期围而不战，郑军的士气受到了很大的影响，军队的供给也出现了问题。据有关史料记载，郑军士卒每天只能领到两餐的食粮。由于营养不良，加上天气炎热，营中疾病流行，很多人因病死去。士兵人心不稳，许多人千方百计地设法逃走。这在一定程度上影响了攻城的效果。

不过，荷兰方面的情况也不容乐观。且不说热兰遮城内情况，就是考乌也被折磨得要疯了。这位原本信心满满的荷军指挥官在与郑军接触之后，惊讶地说：

"天呐，这哪里是战士，他们分明是凶猛的鲨鱼！"

考乌在驶往厦门的途中一直忐忑不安，时时想着逃走。当船靠岸时，考乌竟然犯了一个看起来不可思议的错误——命令水手在水深达64米的地方抛锚。结果，有三艘战舰的锚被狂风吹断，无法靠岸。考乌无可奈何，只好又领着舰队返回台湾。

当舰队抵达澎湖列岛时，心灰意冷的考乌突然又改变了主意，带着两艘巨舰折向暹罗（今泰国），而后逃回了巴达维亚。这样一来，揆一勾结清军夹击郑成功的企图破产了。

（四）

考乌逃走之后，荷兰守军的情况进一步恶化。由于食物匮乏、疾病流行，荷军的战斗力也大为减弱，能坚持战斗的士兵已不足400人。很明显，这点兵力根本无法与郑军抗衡。绝望的揆一已经放弃了抵抗，将所有的希望都寄托在巴达维亚方面的援兵身上。

郑成功趁这个难得的休战期，立即着手整治军纪。在对峙的关键时刻，严格的军纪和主帅的毅力至关重要。一旦哪一方的军纪或毅力先垮下来，就意味着失败。郑成功明白这个道理，所以他绝不容许在最后的关键时刻出现任何差错。郑军大部分士卒也被郑成功的毅力感动了。顺治十八年末，郑军士卒虽然饿着肚子，但军纪已经有所好转，逃亡的现象也日渐减少。

相比而言，热兰遮城内的情况就糟糕多了。荷兰士卒早已陷入莫大的恐慌之中，他们用"与死神相伴"来形容自己的处境。为了活命，一些人设法逃出城中，投奔了郑成功。郑成功照单全收，而且以礼相待。

降卒中有一个名叫汉斯·哲根·拉迪斯的军曹。此人曾在欧洲本土作战多年，富有指挥经验。他向郑成功介绍了城内的情况，并建议说：

"藩主为什么只封锁而不进攻呢？现在城中极度恐慌，只要藩主连续攻击，必能破城而入。"

郑成功笑道：

"台湾城城墙坚固，不是一日两日能够攻破的。只要我等在此围困，他们终会投降的。"

汉斯摇头道：

"藩主上当了。从表面上，热兰遮的城墙十分坚固，其实不然。只要用炮轰击，用不了两天就会轰开。"

郑成功闻言大喜，当即向汉斯了解具体情况。原来，热兰遮的城墙在战斗中严重受损，荷兰守军又无力修缮，如今早已成了"摆设"。

十二月初，郑成功集中了军中的28门巨炮，猛轰城墙。十二月初六，郑军摧毁了热兰遮城墙，鱼贯而入。揆一大惊，一边指挥士兵抵抗，一边召开评议会，商议对策。激烈的巷战打了一天，双方各有损失。到了晚上，两军点亮火把，继续战斗，将热兰遮城照得如同白昼。

荷兰人的评议会进行得很艰难，商务官员们坚持在最有利的条件下献城投降；部分下级军官同意商务官的观点，同时又另外提出两条建议：一是向郑军发起一次拼死总攻，二是坐待郑军进攻。但这两条建议立即遭到了大部分与会者的反对。

　　揆一打算采取折中方案，即等郑军再发动进攻，然后相机行事。他认为，巴达维亚方面的援军随时可能到来，且城中粮食还可以维持一段时间。但评议会经过仔细分析后认为，荷军已经走到绝境，荷兰方面是注定要失败了。

　　在与会者的苦苦劝说下，揆一终于做出让步，决定与郑成功谈判，在合理的条件下献出城堡。荷兰人给郑成功送来一封信，建议双方停火，中荷两方开始谈判。经过五六天的协商，双方达成了18条协议。

　　按照条约规定，荷兰交出所有的城堡、武器、物资，包括150门大炮、4万支火铳，足够5个月食用的粮食和价值47万荷盾的金银珠宝。

　　顺治十八年（南明永历十五年）十二月十三日（1662年2月1日），双方在协议上签字，荷兰人正式投降。成千上万的群众潮水般地涌来，欢呼声经久不息，响彻台湾岛的上空。从此，台湾人民重见天日，沦陷38年之久的台湾终于重回中华大家族的怀抱。

　　揆一领着数百名残兵败将返回了巴达维亚，不久，他便被荷兰东印度公司判处终身监禁，流放到班达岛，12年后才被释出狱。出狱后，他返回荷兰，并出版了一本名为《被忽略的台湾》一书，为自己辩白，同时也透露出一些与郑军交战的经过。

第十九章　屯垦宝岛

碑碣空埋地，庭阶尽染苔。此间人少到，尘世总堪哀。

——郑成功

（一）

收复台湾后，郑成功不禁感慨万千。这次不仅收复了国家的领土，也使郑军获得了一块稳固的根据地。但要完成反清复明的大业，郑军还有很长的路要走，而且前途渺茫。想到这些，郑成功心如刀绞，但又无人能够理解。

一方面，随着清朝"平海五策"的实施，郑军在大陆沿海的根据地遭受了前所未有的困境；另一方面，郑军刚刚收复台湾，粮饷奇缺，马上就要断顿了。在这种情况下，要想打败清军，光复明朝，简直比登天还难！

为了打破清朝"平海五策"的围困，并解决粮饷短缺的问题，郑成功决定采取"寓兵于农"的政策。但一项政策的实施不能只看当政者的意愿，还要看百姓的接受程度。更何况，大战刚刚结束，岛上的社会治安尚不稳定。

荷兰人投降后的第三天，郑成功就带着何斌及数千名官兵，准备了10天的口粮，到台湾各地进行调查研究。郑成功一行从新港（今台湾嘉义县新港乡）等处出发，深入高山族同胞聚居的地点，进行了普遍深入的访问。高山族同胞对国姓爷的到来深感荣幸，纷纷表示愿意拥护他和他代表的南明王朝。

当时，高山族同胞的农业生产技术十分落后，还停留在刀耕火种的阶段。他们不知道使用犁耙、耕牛，也不会使用镰刀收割。水稻成熟后，他们一穗一穗地掐、拔，费工费时，十分辛苦。

郑成功看到这一情况，深受感触。他接受了杨英建议，每社（高山族同胞的聚居点）派去汉族农民一人，发给铁犁耙锄各一副、熟牛（耕过田的牛）一头，让汉族农民教给高山族同胞使用工具的技术。

高山族同胞亲眼看到了先进耕作技术的好处，都高兴地效仿，从而极大地提高了社会生产力。他们也打定了主意，一心一意拥护郑成功。

有了台湾同胞的支持，郑成功便开始实施"寓兵于农"的发展战略。"寓兵于农"的战略历史悠久，一般是在生产力相对落后或战争频仍的历史时期实施。明太祖朱元璋就曾实施这一政策。

明朝立国后，天下太平，军队粮米无法保证，朱元璋便设立卫安军，以十分之七的人力从事农业生产，十分之三的人力从事作战、警戒、战备执勤。这一政策的实施效果良好，军队基本实现了自给自足。朱元璋为此曾高兴地宣称：

"朕养兵百万，不费百姓一钱一粮。"

结合台湾当时的情况来看，郑成功提出"寓兵于民"的战略无疑是正确的。诸将领也知道这个战略对台湾、对军队的重要性，因此纷纷响应。郑成功令诸将率部到台湾各处屯垦，只留两个警卫部队守卫安平（为纪念故乡，郑成功将热兰遮改称安平镇）、承天（即原先的赤嵌城，郑成功将其改称承天府）二处。

据史料记载，郑军的"寓兵于农"政策效果良好。每个屯垦小队为十人，一人负责瞭望、警戒，四人耕田种地，另外五人进行军事训练。每个职位都轮流更换。如此一来，军中既无闲丁，也无逸民。

垦民们插竹为社，斩茅为屋，训练生牛犁田，丈量土地，划归版图，制定了三年开垦计划。按照规定，三年内的收成只需要上缴十分之三，三年之后再根据粮食产量等情况确定上、中、下三等，规定赋税。

这一政策将兵役、国防和农耕结合起来，有组织、有力量，较之个体农民，在对抗自然灾害和提高生产力等方面都有着极大的优势，郑军士卒的生产积极性也被充分调动起来。军队开垦的田地名为"营盘田"，屯名就是原来镇营的名称，有些地名一直沿用至今。如高雄冈锋镇前营里，就曾是郑军前锋镇屯垦的地方。

（二）

郑成功在台湾站稳脚跟之后，立即将目光转向祖国大陆的东南沿海。由于清政府正在大规模实施"平海五策"，大批沿海居民沦为难民。北起山东登州，中经江苏、浙江、福建，南到广东，在数千里的海岸线上，清军挖了一条不到3.3米宽的沟，插竹牵绳为界，强行将世代以海为生的百姓迁到离海15~25千米的内地。清军日夜看守，凡发现越过界沟的百姓，一律抓去砍头。如此一来，沿海15~25千米的地区便成了无人区。

成千上万的百姓扶老携幼，被强行驱赶到新地方。清军把百姓搬不动、带不走的东西全部砸坏、焚毁；已开垦出来的田地、出海打鱼的工具等，统统被废弃。百姓流离失所，背井离乡，老弱死于沟壑，少壮流散于四方，惨不忍睹！

面对这种情况，郑成功伤心极了。他觉得，这一切都是他造成的。正因为他不愿投降清廷，这些父老乡亲才跟着受罪。于是，郑成功下令留在厦门一带的郑军士卒渡海前来台湾，并令在台湾各地屯垦的士卒帮助父老乡亲盖房子、置家园。

郑成功的这一措施不但解救了大量受苦受难的百姓，还在客观上增强了台湾的屯垦力量。到顺治十八年末，台湾的汉族和高山族同胞已达数十万人。台湾的军垦与农垦也不断发展，耕地面积不断扩大，米粮的生产也迅速增加。

随着大批汉人的迁入，台湾的生产力水平也迅速得到了提高，造船业、晒盐业和贸易都蓬勃发展。郑氏家族以海上贸易起家，海上贸易的收入也成为郑军军饷的重要来源。因此，郑成功非常重视海上贸易。一方面，他加强与祖国大陆居民之间的贸易关系，从大陆购买杉桅、桐油、硝黄、湖丝、绫等物品；另一方面，他又利用郑氏家族既有的贸易网络发展海外贸易，陆续和日本、吕宋等地建立贸易关系，大发其财。

而此时，清廷依然实施"寸板不许入海"的海禁政策，这在一程度上也促进了郑成功与各国贸易的发展。通过这些途径，郑成功不但打破了清廷"平海五策"的封锁，还在对外贸易中独占鳌头，占尽优势。

随着各项事业走上正轨，郑成功又着手进行法制建设，改善台湾的社会治安。郑成功先后颁布了垦田、建军、建政等各项法令，并强调"法贵于严"，规定"如有违越，法在必究"。

部队刚刚登陆台湾不久，就有人向郑成功告发，称宣毅后镇吴豪肆意掠夺百姓银两，盗用和私藏余粮；虎卫右镇陈蟒也有贪污行为，违反了法令。

郑成功大怒，立即派人调查取证，结果举报者所举报的全是事实。郑成功立即召集文武官员，判吴豪死刑，将陈蟒撤职查办。

后来，承天府尹杨朝栋、知县祝敬和斗给官陈伍等合伙克扣军粮，也受到了郑成功的严厉处罚。杨朝栋被判处死刑，祝敬被贬为士卒，陈伍被撤职查办。杨朝栋是郑成功收复台湾和建设台湾的功臣，一向深得郑成功器重，但郑成功没有徇私，依然以法令为第一准则。

此外，郑成功还经常组织部队帮助台湾同胞兴修水利，以保证农业生产。郑成功不相信龙王送雨的迷信说法，用开渠引水的办法将山里的水引入农田，解决了台湾天旱时缺水的困难。

每逢农闲季节，郑成功还会组织医疗队到高山族同胞聚居地为百姓行医看病。在种种努力之下，郑成功和他的队伍得到了台湾居民的衷心拥护。

（三）

就在台湾日益繁荣之时，郑成功的精神却遭到接二连三的打击。顺治十八年春，顺治帝驾崩，其子爱新觉罗·玄烨继位，是为康熙帝。康熙帝年幼，朝政由辅政大臣苏克萨哈等人把持。苏克萨哈见郑成功称雄台湾，无意归顺，遂于十月初三矫诏将郑芝龙斩首于北京柴市。郑氏亲属在北京者无一幸免。

郑成功起兵之初，曾竖起"杀父报国"的大旗，但那只是政治需要而已。封建社会的统治集团素来宣扬"忠孝治国"，郑成功生活在那个时代，也不可能免俗。他竖起"杀父报国"的大旗，只不过是因为忠孝不能两全，不得已而做出的选择罢了。

郑成功得知郑芝龙的死讯之后，顿足捶胸，披麻戴孝，望北而哭。这一表现足以说明郑成功的一片孝心，这件事也成为郑成功收复台湾后遭受的第一个打击。

郑成功遭受的第二个打击是永历帝的驾崩。当郑成功在台湾接受荷兰侵略者投降时，永历帝在缅甸被缅人献出，交给了吴三桂。康熙元年（1662年）三月，永历帝被吴三桂押解到云南。四月十五日，永历帝及其太子在云南被吴三桂绞死。至此，明朝宗室的挣扎彻底结束。

天下有志于反清复明的仁人志士闻听此讯后，不禁嚎啕大哭。郑成功甚至几度昏厥过去。永历帝一死，反清复明的斗争也就走到了穷途末路。郑成功顿感前途渺茫，不禁怅然若失。

就在这时，第三个致命的打击又悄然降临了。康熙元年春末，郑军打退了攻打南澳的清军水师。郑成功闻讯大喜。这时，留守厦门的延平王世子郑经也给郑成功送来了一个好消息：郑氏家族添新丁了。郑成功喜不自胜，除了奖赏台湾、金门、厦门各地的文武官员外，对夫人董氏、儿子郑经及陈氏母子也各赏赐了金银花。

但喜事很快就成了丧事。原来，郑经的孩子并不是他与妻妾所生，而是他与四弟的乳母陈氏私通所生。郑经的妻子唐氏出身名门，自然无法忍受这种屈辱。于是，她便向祖父唐显悦哭诉。唐显悦乃是明朝尚书，虽然当时已没什么权势了，但声望颇高。他立即向郑成功揭发此事，并引用儒经"礼称人母，乳母同一"，质问郑成功说：

"令郎与乳母私通生子，不闻责备反而赏赐，治家如此，何以治国？"

郑成功气得几乎昏死过去，马上派人手持令箭，又命堂兄郑泰到厦门监斩郑经及陈氏母子三人。对于夫人董氏，也因治家教子不严，一同斩首。不料，郑经竟在留守官兵的怂恿下公开抗命，径自袭用祖父郑芝龙的封号，自称"平国公"，拥兵抗命，不与台湾方面通讯。

父亲惨死、永历帝驾崩、儿子拥兵叛父，这一连串的打击彻底击垮了郑成功这位钢铁般的英雄。五月初一，郑成功得了风寒，一下病倒了。刚开始时，他还强挣扎着起床办公，与文武官员讨论国事，照常巡视沿海，以至于诸将都没有发现他生病了。

五月初八，郑成功像往常一样登上将台，瞭望澎湖海面，希望能看到大陆来的船只。不过，他什么也没看到。带着失望，郑成功回到府邸。此时，他似乎已经预感到了什么，因此命人取出冠带，端端正正地穿戴好。

众人都感到十分疑惑，不知道郑成功今天是怎么了。郑成功也不解释，又命人取出朱元璋所撰的《太祖训》，放在案上，恭敬地向其行了大礼。郑成功曾被隆武帝赐姓朱，也算是朱明皇室的后人。

朱元璋在《太祖训》中为子孙后代规定了许多禁令，也提出了一系列要求，为的是稳固大明王朝。如今，大明江山已被清朝所占，怎能不让人唏嘘呢？

郑成功坐在胡床上，翻开《太祖训》，逐章阅读。他一边读，一边喝酒。读到第三章时，郑成功突然长叹一声：

"自从国家飘零以来，我枕戈泣血17年。现在即将离开人世，忠孝两亏，死不瞑目。天啊，天啊，为何忠臣如此难当？"

说完，郑成功推翻案上的汤药，顿足抚肩，大呼而逝！他死时，双手紧紧捂着脸，似乎在向世人说：

"我无颜面对九泉之下的明朝先祖。"

郑成功逝世后，郑经继承父业，苦心经营，但内讧不断，清廷又不断进逼。康熙十九年（1680年），郑经被迫放弃厦门，退至台湾。康熙二十年（1681年）正月，郑经死于台湾，其长子郑克塽监国。不久后，郑克塽发动宫廷政变，继延平郡王位。

康熙二十二年（1683年）六月十四日，清朝靖海将军施琅率兵攻打台湾。台湾战败，郑克塽下令剃发降清。八月十五，施琅进至台湾，台湾归入清朝版图。至此，祖国在清廷的治理下实现了统一。

清廷十分敬佩郑成功尽忠为国的精神，多次下诏褒扬他。康熙三十九年（1700年），康熙帝下诏说：

"郑成功系明室遗臣，非朕之乱臣贼子。"

康熙帝还敕令遣官护送郑成功及其子郑经两枢回福建归葬南安，建祠祭祀，并拨给守墓人户。此后，清廷又追谥郑成功为"忠节"，在台湾为其建祠。曾任福建船政大臣的沈葆桢亲自为祠堂正殿撰写对联：

"开万古得未曾有之奇，洪荒留此山川，作遗民世界；极一生无可如何之遇，缺憾还诸天地，是创格完人。"

曾任台湾巡抚的唐景崧也撰写对联，称颂郑成功道：

"由秀才封王，挂挣半壁旧山河，为天下读书人顿生颜色；驱外夷出境，开辟千秋新世界，愿中国有志者再鼓雄风。"

郑成功生平大事年表

1624年（天启四年）8月27日（农历七月十四日），郑成功诞生于日本长崎县平户市千里滨。乳名福松。

1630年（崇祯三年） 自日本回到安平。其父郑芝龙延聘名师授业，师为福松取名为森。

1638年（崇祯十一年） 入南安县学为廪生，朝拜孔子，受领儒服。

1641年（崇祯十四年） 奉父母之命，与礼部侍郎董先之女董友（一名酉姑）成婚。

1644年（崇祯十七年） 从家乡来到南京，进入国子监太学，拜名儒钱谦益为师，钱谦益为其取名大木。

1645年（隆武一年，顺治二年） 唐王朱聿键在福州称帝，改元隆武，召郑森入见，赐国姓朱，名成功，封御营中军都督。自此，中外均称其为"国姓爷"。10月，其母田川氏从日本回到安平。

1646年（隆武二年，顺治三年） 奉令出镇仙霞关，隆武帝加封郑成功为忠孝伯，挂招讨大将军印。10月，郑芝龙降清。郑成功不愿从父投降，乃避走金门。11月，清兵突袭安平，郑成功母亲田川氏不堪受辱身亡，郑成功誓师反清。

1647年（永历元年，顺治四年） 屯兵鼓浪屿训练，队伍逐渐发展。8月，与叔父郑鸿逵进抵桃花山，会攻泉州月余不克，后退兵安平。

1648年（永历二年，顺治五年）5月，率军攻克同安，8月又被清军夺回。得知永历帝在梧州，乃遵用永历年号，派人员前往广东拜贺。10月，永历帝封郑成功为威远侯。

1649年（永历三年，顺治六年） 攻克漳浦、云霄，不久又率部入广东潮州地区。

1650年（永历四年，顺治七年）　接受施琅献计，在鼓浪屿诱杀郑联，统其军队，遂据厦、金岛，军事力量迅速壮大。

1651年（永历五年，顺治八年）　南下广东勤王。3月，清军马得功部乘虚袭厦门，郑军军需损失严重。成功闻讯回救，重占厦门。

1652年（永历六年，顺治九年）　先后攻克海澄、长泰、平和、诏安、南靖等地。

1653年（永历七年，顺治十年）　被永历帝封为漳国公。

1654年（永历八年，顺治十一年）　清廷招抚郑成功，郑成功拒不接受清廷的招抚条件。派兵先后攻克了同安、南安、惠安、安溪、永春、德化等县。

1656年（永历十年，顺治十三年）　郑成功设置六官，加紧训练军队，水陆力量进一步壮大。3月，郑军击败济度水师。夏秋，率军攻克闽安镇威胁福州。

1657年（永历十一年，顺治十四年）　7月，郑成功率军从海上北代，8月克台州。9月，闽安镇失守，郑成功回师厦门。11月，被封为延平王。

1658年（永历十二年，顺治十五年）　调回北征师返厦，选将练兵，准备大举北代。5月，率大军开始北伐。

1659年（永历十三年，顺治十六年）　率大军从长江溯江直上，克瓜州、镇江，围困南京半月之久，清廷为之震动。因迟误攻城时间，遭清军多路援军反击，郑军损失惨重，从海路退回厦门。

1660年（永历十四年，顺治十七年）　台湾的荷兰通事何斌至厦门，向郑成功密献地图，建议郑成功进取台湾。

1661年（永历十五年，顺治十八年）　4月，率舰队进入鹿耳门水道，登陆台湾。

1662年（康熙元年）　2月1日，荷兰总督揆一在孤立无援、大势已去的情况下向郑成功乞降。郑成功改台湾为东都，置赤嵌为承天府，设天兴、万年二县，奠定台湾政权建设的基础。4月下旬，永历帝被吴三桂绞杀于云南昆明，永历朝灭亡。6月下旬，郑成功因国难家难交相打击，忧愤成疾，于6月23日（农历五月初八）卒于台湾，享年39岁。